550

HAMEWITH

The complete poems of
Charles Murray

CHARLES MURRAY
The bust by Harry S. Gamley RSA
in Aberdeen Art Gallery

HAMEWITH

The complete poems of Charles Murray

Published for the
Charles Murray Memorial Trust by
Aberdeen University Press

This complete edition first published 1979
Reprinted 1979
Previous editions are listed on pages xvii and xviii
© The executors of Charles Murray 1979

British Library Cataloguing in Publication Data

Murray, Charles
  Hamewith
  I. Title
  821'.9'12   PR6025.U713

  ISBN 0-08-024522-6
  ISBN 0-08-024521-8 Pbk

Printed in Great Britain at
Aberdeen University Press

CONTENTS

[v]

A Sough o' War

[vi]

In the Country Places

[vii]

The Last Poems

CHARLES MURRAY

Charles Murray was a man one could not miss in a company. He had presence: not self-assertive, but dynamic—one felt more alive from being with him. When he spoke, he had compulsive listeners. Droll, witty, solemn, seemingly nonchalant but with a delighted relish in what he related, he was a raconteur of genius. He was company for Duke or ditcher, and imperturbably himself with both. His lean hawk face was warm with interest—sheer simple interest in people, what they were, what they did, how they did it. He noticed things: which is why the detail in his poems is so lively and so right. The perennial freshness of his interest in folk, not only for their sterling qualities but for their quirks and inadequacies, absurdities and sins, was basic to his character and to his verse.

Why they did what they did was not his concern. There is nothing introspective, no psychological probing; his poetry is a poetry of externals, yet at its best his selection of externals is so vital that his portrayal not only portrays but illuminates. Towards intellectual and symbolic poetry he was wary, not convinced of its validity, but willing to concede it its right to be—humble towards it as he was in much else. He did not for instance reveal his identity to the master mason (when he himself was Secretary for Public Works to the Government of the Union of South Africa and the new Government buildings were going up in Pretoria, he being responsible for the enterprise) who asked, eyeing the rather rough-looking man who had sat down on a stone and newsed with him in his own North-East dialect, 'Was ye wantin' a job?'—'I've gotten a job.'— 'Ye're lucky.' The mason of course discovered later who he was and was to say, 'It was me that speired if ye was wantin' a job.' An encounter that went straight to Charles Murray's heart.

It is unfortunate that his reputation outside the North-East, for nostalgic and rather facile verse, has congealed on the early editions of *Hamewith* and the anthology pieces, which do not contain his mature work. Later work was stronger and more powerfully knit. He became a master of compression. Thus a quite ordinary concept like supperless to bed condenses into *beddit boss*. In the eight lines of *Noo that cauldrife winter's here* a whole way of life, at a given time and place, in a given society, is crystallised. Five statements and the thing is done. One brief line alone, *Butter skites an' wunna spread*, reverberates in the mind, calling up one picture after another of what it meant to live in the country, in Scotland, in bitter weather, in the late nineteenth and early twentieth century. He does not need to elaborate, the reader's mind flies out to meet his own. The goodness of this tiny poem lies partly in its power to evoke and partly in the perfection of its form, but largely also in the subtle way two experiences of life play upon each other, of those to whom these hardships are hard, and of the reminiscent man who sees them across many African summers and recalls them with an affectionate chuckle. This is a device by which he conveys many of his effects. Straight-faced he can say

> *Naked tho' we're born an' equal*
> *Lucky anes are made police,*

but out of the corner of our eye we catch the glint in his.

He is especially good on winter, as what Scottish poet is not? The Southron may claim that our grim climate turns us into frozen and inanimate clods, but we know that instead it releases our perceptiveness. So Murray is following in the tracks of Gavin Douglas and Henryson and Burns when he writes *mochie or makin' for snaw* and we can feel the two different kinds of chill. *Drift oxter-deep haps Bennachie*—this cunning line cannot be spoken aloud without effort, as though we were floundering ourselves in the drift. He excels in making the movement of a line reflect its feeling. *Up Bennachie I'm rivin' on* gives the very feel of the hill-climber pressing on to his goal. Contrast its soaring inflection with the heavy tread of the mourners at a country funeral—*An' face in fun'ral blacks the drift aince mair*—or the eager lightness of the flocks in spring—

> *The sheep are aff to the hills again*
> *As hard as the lambs are able.*

Lines like these show how meticulous he was as an artist. Poems that seem to bubble up like a natural spring are often wrought with extreme care and much revision; he was not satisfied till he had words and movement right.

It is a narrow world that he deals with, the Vale of Alford set among its surrounding hills (and what a roll-call he gives of our Northern hills—

> *There's Tap o' Noth, the Buck, Ben Newe,*
> *Lonach, Ben Rinnes, Lochnagar . . .*
> *But Bennachie! Faith, yon's the hill*
> *Rugs at the hairt when ye're awa'!)*

but narrow though it is, it is realised with an intense clarity: its winds and weathers, its *caul' coorse simmer only gweed for girse*, its *snaw-bree in the Leochel Burn*, its *burstin' buds on the larick*, its foalies and teuchats, its *fite-fuskered cat wi' her tail i' the air*, its *craps weel in an' stackit*. But, with that abiding interest in people that marked him first and last, it is his lovable array of human beings that provokes his finest work—his ill-trickit loons, his kitchen-deemies, his country craftsmen. *The Packman* is a shrewd study, not very profound, the miller, in the poem of that name, dust in his throat, is wise—

> *Afore they can judge o' my drinkin'*
> *They first maun consider my drooth.*

[x]

Most delicately rendered is Jeames, whose misdemeanours, of which his wife Bell keeps him in constant remembrance, are counterbalanced by *the mony patient years he bore wi' Bell*, who, for all her disapproval, survived him only a fortnight. The real tenderness with which Jeames and Bell are portrayed is not destroyed but enhanced by the ribald description of Bell's translation to Heaven—

Just when he thocht to slip awa' at last . . .
The muckle gates aboon were barely fast
Ere she was pechin' up the gowden stair . . .

The same literal-mindedness over heaven—the speaker serious, the poet amused—is seen in an affectionate late pendant to the early *Jeames*, *Yokin' the Mear*, where husband and wife disagree over the after-life: *she hankers for heaven, I'm canty doon here . . . The wife can hae feathers but I'm for a gig.* Even God Himself *daunders furth to some clood edge* to look at the earth mankind has connached.

This conception of the godhead, bodied in the tough Aberdeenshire speech, is his people's as much as the poet's. Murray's Scots is always the Aberdeenshire tongue, as spoken in the Vale of Alford in his youth. He carried it in the ear, not the eye through books, and so he can render the run of the voice, the spoken intonation. There is a speaker implicit in every poem, in *There's aye a something* as much as in *Dockens afore his peers*. This is why he is right, for his purposes, in using the local idiom—why he takes his Aberdeenshire Scots neat.

Of those where the speaker is also the dominant figure, two poems of the First World War come nearest of all to greatness. In *Dockens afore his peers* and *Fae France* a society is seen in depth because its rural affairs are acted out against a larger and grimmer background. Both poems are written in the first person, so that both speakers are self-revealed but reveal at the same time, in the most natural manner imaginable, as something that needed no explanation but just was, a whole complex of relationships that are put to the test against the experience of war. The portrait of Dockens is a magnificent crag of a thing. Self-opinionated, garrulous, utterly insensitive, completely blind to all that lies outside the range of his immediate interests, sure of his power, without scruple or manners but with a tremendous vitality, he attends an exemption tribunal with one purpose only in his mind, to win exemption for his youngest son: and wins it. From his entry, *O ay, I'll sit, birze ben a bit*, we have a measure of the man. There follows his (uncalled-for) diatribe against the war:

A' the fash we've had wi' fowk gyaun aff afore the term . . .
We've nane to spare for sojerin', that's nae oor wark ava.

Interrupted, he gives a list of the folk on his farm, a graphic and lively list. Of all the kitchen-deems that Charles Murray has portrayed, the deem at Dockenhill

[xi]

is the non-pareil, good-hearted, willing, but rude as you make them—*big an' brosy, reid an' roch an' swippert as she's stoot*. But when he reaches his youngest, and sees that all his ingenuity is not to get the laddie off, he rounds on the Tribunal and in a whirlwind of primal force lays bare his power:

> *Hoot, Mains, hae mind, I'm doon for you some sma' thing wi' the bank;*
> *Aul' Larickleys, I saw you throu', an' this is a' my thank;*
> *An' Gutteryloan, that time ye broke, to Dockenhill ye cam'* ...

It is enough. Exemption is awarded.

> *"Total exemption." Thank ye, sirs. Fat say ye till a dram?*

The last line is brilliant. Without a word of comment, out of his own mouth the poet has exposed the man for what he is, so coarse and insensitive that he expects men to drink with him whom he has thus publicly scarified. This is portrait-painting in masterly vein. There is also of course a side *sklint* at the men who abrogate their public duty to save their own face.

Fae France is in the form of a letter, the writer a farm servant who for breach of the peace has been fined by the Shirra. It *took a sax month's fee* to cover fine and lawyer and drinks, and he was able to meet it only by a little judicious poaching. As he later joins up in the local regiment and his officer is the Shirra's son, a young man who can talk to him in his own dialect, has certainly been a country boy, and knows all about his randy past including the poaching, one can hardly be mistaken in supposing the Shirra to be a local laird—it may even have been from his own preserves that the fine was paid. At the front the young officer is thoroughly approved by his men because he knows their idiom and when he asks for volunteers for a night raid, the poacher is up and off; and is the one, when the officer is wounded, to hoist him on his back and save his life. Later the boy's mother writes to thank him. Between the lines one can sense the poacher's pride in the letter, though in true north-country style he will not give himself away and covers his own emotion by a nice touch of deprecation.

> *His mither sent a letter till's, a great lang blottit screed.*
> *It wasna easy makin't oot, her vreetin's coorse to read.*

And in true north-country style, when asked by the mother what she can give him to show her gratitude, he will not be rewarded—

> *Jist bid yer man, fan neist I'm up, ca' canny wi' the fine.*

The interaction of these persons, country land-owner who is also sherriff, son who is officer in what was then a local regiment, farm servant who fights both in and out of the army, with their tangle of loyalties accentuated by the war, lights up an authentic part of our social history.

As indeed does all his verse. It is a record of a way of living already altered and of customs and conventions that have vanished. But it is more than a record, it is an affirmation, of life. These poems have the glow of health on them. Their verve and gusto are the outward and visible sign of an inward assurance that life is livable and mankind worth knowing. The seed of Charles Murray's power is that he said yes to life.

NAN SHEPHERD

CHRONOLOGY

PUBLICATIONS

1893 A Handful of Heather Twelve copies printed for private circulation by Lewis Smith & Son, Aberdeen. Withdrawn later by the poet and destroyed. Of the forty poems, thirteen (including *Spring in the Howe o' Alford, Skeely Kirsty, The Lettergae* and the splendid clamouring gusto of his Scots translation of the Cyclops episode from Virgil) were reprinted in the first *Hamewith* (1900). All these were carefully revised by the poet, proof of his meticulous craftsmanship. His *juvenilia* he sensibly allowed to perish.

1900 **Hamewith** Wyllie & Son, Aberdeen. Frontispiece by R. Douglas Strachan. Thirty-four poems, thirteen already published, three new verses in *Spring in the Howe o' Alford*, and one in *Winter*. Among the new poems, *The Hint o' Hairst, Jeames* and *A Green Yule*.

1909 Hamewith Constable & Co., London. Introduction by Andrew Lang ('Mr. Charles Murray's ale, which is excellent, is all brewed from the heather bell, is pure Scots') and two illustrations by R. Douglas Strachan, who also provided the piper motif (from his bookplate) stamped on the dark blue front board. Forty-five poems, of which eleven were new, including *The Whistle*, which had appeared in Chambers's Journal in March 1906; *The Packman* and *Arles*, resuscitated from the first volume, with a change of sex for the speaker. The volume also includes seven translations from Horace, a side issue of his collaboration with his friend Sir William Marris, who in his 'Odes of Horace in English Verse' thanks Murray for his help in 'improving' the verse, 'with a grateful memory of many laborious and lively evenings in Pretoria.'

1912 **Proceedings** of Dinner in Honour of Charles Murray, Aberdeen, 2 December 1912. Printed by William Smith & Sons. It was in his speech on this occasion that Charles Murray said his poems were written to 'give pleasure to an old man in the Vale of Alford [his father]. That these things should be written in the vernacular was neither accidental nor intentional. It was simply inevitable.'

1917 Hamewith Constable & Co. An illustrated edition with fifty drawings by A. S. Boyd, eight full-page, the others half-page. Reprinted in 1920. Gold lettering on spine and cover, and gold reproduction of part of frontispiece on front board.

1917 **A Sough o' War** Constable & Co. Paper covers, dusky pink. Poems of the 1914 war, including some of his most mature and distinguished work—e.g. *Fae France* and *Dockens Afore His Peers*.

1920 **In the Country Places** Constable & Co. Blue paper covers. Includes *It Wasna His Wyte, Still, Man, Still* and *Gin I was God*. By this time *Hamewith* had reached its 17th impression.

1926　Presentation of portrait and bust. Proceedings printed by Rosemount Press, Aberdeen. Presentation made by John Buchan, who said 'There is one quality about his work I would like to emphasize, and that is its catholicity. Like Robert Burns he produces all the great lines of Scottish tradition—what you may call the cavalier and the covenanting, the domestic as well as the wayfaring, the mundane and the translunary. In one word, Charles Murray gives us the broad Scots.'

1927　**Hamewith and Other Poems** Constable & Co. Collected edition, comprising *Hamewith, A Sough o' War* and *In the Country Places*. From this edition the Introduction and illustrations were dropped.

1944　**Hamewith and Other Poems** As above textually, but a wartime edition with a sparer appearance. The text of this edition ran through many post-war impressions.

1969　**The Last Poems** Published for the Charles Murray Memorial Trust by Aberdeen University Press. Uncollected poems, mostly written after 1927. Preface and Notes by Alexander Keith, Appreciation by Nan Shepherd—reproduced with some amendments at p. 126 and p. ix of this book. Illustrations by Gordon Henry. Golden-brown flexi-covers. Reproductions of bust by Harry S. Gamley and portrait by Fiddes Watt.

1979　**Hamewith: The complete poems of Charles Murray** Published for the Charles Murray Memorial Trust by Aberdeen University Press.

Hamewith

Here on the Rand we freely grant
We're blest wi' sunny weather;
Fae cauld an' snaw we're weel awa',
But man, we miss the heather.

JOHANNESBURG S.A.

To my wife

HAMEWITH

Hot youth ever is a ranger,
  New scenes ever its desire;
Cauld Eild, doubtfu' o' the stranger,
  Thinks but o' haudin' in the fire.

Midway, the wanderer is weary,
  Fain he'd be turnin' in his prime
Hamewith—the road that's never dreary,
  Back where his heart is a' the time.

THE ALIEN

In Afric's fabled fountains I have panned the golden sand—
  Caught crocodile with baviaan for bait—
I've fished, with blasting gelatine for hook an' gaff an' wand,
  An' lured the bearded barbel to his fate:
But take your Southern rivers that meander to the sea,
  And set me where the Leochel joins the Don,
With eighteen feet of greenheart an' the tackle running free—
  I want to have a clean fish on.

The eland an' the tsessebe I've tracked from early dawn,
  I've heard the roar of lions shake the night,
I've fed the lonely bush-veld camp on dik-kop an' korhaan,
  An' watched the soaring vulture in his flight;
For horn an' head I've hunted, yet the spoil of gun an' spear,
  My trophies, I would freely give them all,
To creep through mist an' heather on the great red deer—
  I want to hear the black cock call.

In hot December weather when the grass is caddie high
  I've driven clean an' lost the ball an' game,
When winter veld is burned an' bare I've cursed the cuppy lie—
  The language is the one thing still the same;
For dongas, rocks, an' scuffled greens give me the links up North,
  The whins, the broom, the thunder of the surf,
The three old fellows waiting where I used to make a fourth—
  I want to play a round on turf.

I've faced the fremt, its strain an' toil, in market an' in mine,
  Seen Fortune ebb an' flow between the "Chains,"
Sat late o'er starlit banquets where the danger spiced the wine,
  But bitter are the lees the alien drains;
For all the time the heather blooms on distant Bennachie,
  An' wrapt in peace the sheltered valley lies,
I want to wade through bracken in a glen across the sea—
  I want to see the peat reek rise.

[4]

THE WHISTLE

He cut a sappy sucker from the muckle rodden-tree,
He trimmed it, an' he wet it, an' he thumped it on his knee;
He never heard the teuchat when the harrow broke her eggs,
He missed the craggit heron nabbin' puddocks in the seggs,
He forgot to hound the collie at the cattle when they strayed,
But you should hae seen the whistle that the wee herd made!

He wheepled on't at mornin' an' he tweetled on't at nicht,
He puffed his freckled cheeks until his nose sank oot o' sicht,
The kye were late for milkin' when he piped them up the closs,
The kitlin's got his supper syne, an' he was beddit boss;
But he cared na doit nor docken what they did or thocht or said,
There was comfort in the whistle that the wee herd made.

For lyin' lang o' mornin's he had clawed the caup for weeks,
But noo he had his bonnet on afore the lave had breeks;
He was whistlin' to the porridge that were hott'rin' on the fire,
He was whistlin' ower the travise to the baillie in the byre;
Nae a blackbird nor a mavis, that hae pipin' for their trade,
Was a marrow for the whistle that the wee herd made.

He played a march to battle, it cam' dirlin' through the mist,
Till the halflin squared his shou'ders an' made up his mind to 'list;
He tried a spring for wooers, though he wistna what it meant,
But the kitchen-lass was lauchin' an' he thocht she maybe kent;
He got ream an' buttered bannocks for the lovin' lilt he played.
Wasna that a cheery whistle that the wee herd made?

He blew them rants sae lively, schottisches, reels, an' jigs,
The foalie flang his muckle legs an' capered ower the rigs,
The grey-tailed futt'rat bobbit oot to hear his ain strathspey,
The bawd cam' loupin' through the corn to "Clean Pease Strae";
The feet o' ilka man an' beast gat youkie when he played—
Hae ye ever heard o' whistle like the wee herd made?

But the snaw it stopped the herdin' an' the winter brocht him dool,
When in spite o' hacks an' chiblains he was shod again for school;
He couldna sough the catechis nor pipe the rule o' three,
He was keepit in an' lickit when the ither loons got free;
But he aften played the truant—'twas the only thing he played,
For the maister brunt the whistle that the wee herd made!

SKEELY KIRSTY

A stane-cast fae the clachan heid
An auld feal dyke enclosed a reed
O' garden grun', where flower an' weed
      In spring grew first aye;
An' there the humble hauddin' steed
      O' Skeely Kirsty.

Upon the easin' sods a fou
Thick-leaved an' sappy yearly grew,
Which, for a scrat or scabbit mou',
      Beat aught in "Buchan";
An' draughts fae herbs she used to brew
      That drank like brochan.

To heal a heid, or scob a bane,
To ease a neebour's grippit wean,
Or thoom a thraw, there wasna ane
      Could e'er come near her;
Nae income, fivver, hoast, nor nane
      Would ever steer her.

She cured for pleasure, nae for fees;
Healed man an' beast wi' equal ease:
She gae a lotion for the grease
      To Spence the carrier,
That cured his mear, when the disease
      Gaed ower the farrier.

Was there a corp to streek or kist,
She aye was foremost to assist;
She grat to think "how he'd be miss't,
      Sae good and gifted"!
Syne handed roon' anither taste
      Afore they lifted.

SKEELY KIRSTY

Ae morn grim Death—that poacher fell—
Gat Kirsty in his girn hersel';
Nae epitaph her virtues tell,
    It needs nae vreetin':
On ae thing maistly Fame will dwell—
    Her gift o' greetin'.

THE ANTIQUARY

A little mannie, nae ower five feet three,
    Sae bent wi' eild he lookit less than that,
His cleadin' fashioned wi' his tastes to 'gree,
    Fae hose an' cuitikins to plaid an' hat.

His cot stob-thackit, wi' twa timmer lums,
    A box-bed closet 'tween the but an' ben,
A low peat fire, where bauldrins span her thrums,
    Wat dried his beets, an' smoked, an' read his lane.

The horn-en' fu' o' craggins, quaichs, an' caups,
    Mulls, whorls, an' cruisies left bare room to stir;
Wi' routh o' swourds an' dirks a' nicks an' slaps,
    An' peer-men, used langsyne for haudin' fir.

He'd skulls in cases, lest the mouldy guff
    Should scunner frien's, or gather muckle flees;
He'd querns for grindin' either meal or snuff,
    An' flints an' fleerishes to raise a bleeze.

Rowed in a cloutie, to preserve the glint,
    He had a saxpence that had shot a witch,
Sae stark, she hadna left her like ahint
    For killin' kye or giein' fouk the itch.

He kent auld spells, could trail the rape an' spae,
    He'd wallets fu' o' queer oonchancie leems,
Could dress a mart, prob hoven nowt, an' flay;
    Fell spavined horse, an' deftly use the fleems.

He lived till ninety, an' this deein' wiss
    He whispered, jist afore his spirit flew—
"Gweed grant that even in the land o' bliss
    I'll get a bield whaur some things arena new."

JEAMES

It's but a fortnight since we laid him doon,
  An' cut the sods to hap his narrow lair—
On Sunday still the grass was dry an' broon;
  An' noo they're up again the kist is bare,
For Bell this day we e'en maun lay aboon,
  An' face in fun'ral blacks the drift ance mair.

Twa Fiersdays back she seem'd baith swak an' strang,
  A' day her clogs were clankin' roon' the closs;
An' tho' an income she'd complained o' lang,
  It never kept her yet fae kirk or moss.
Wha would hae thocht she'd be the next to gang
  That never grieved a grain at Jeames's loss?

It seem'd richt unco—faith, 'twas hardly fair,
  Just when he thocht to slip awa' at last
An' drap for aye the trams o' wardly care—
  The muckle gates aboon were barely fast
Ere she was pechin' up the gowden stair,
  An' fleechin' Peter till he let her past.

When Jeames—I'se warrant ye, wi' tremblin' shins—
  Stands forrit, an' they tak' the muckle beuk
To reckon up his shortcomes, slips, an' sins,
  She'll check the tally fae some canny neuk,
An' prod his memory when he begins
  Should there be ony he would fain o'erleuk.

That Scuttrie Market when he was the waur—
  He thocht the better—o' a drap o' yill,
An' fell at Muggart's door amo' the glaur,
  Forgot the shaltie ower the hindmost gill,
Syne stoitered aff alone, he kent nae wh aur,
  An' sleepit wi' the sheep on Baadin's hill.

JEAMES

The Fast-day when he cawed an early load,
   When craps were late an' weather byous saft,
Instead o' daund'rin' to the Hoose o' God
   An' noddin' thro' "fourteenthly" in the laft;
Or how he banned the Laird upon the road—
   His bawds an' birds that connached sae the craft.

Nae chance for him to discount or excuse
   The wee-est bit, wi' her there keen to tell
How a' was true; but yet, gin he should choose
   To bid them look the credit side as well—
Ae conter claim they canna weel refuse—
   The mony patient years he bore wi' Bell.

THE MILLER

When riven wicks o' mou's were rife,
   An' bonnets clad the green,
Aye in the thickest o' the strife
   Auld Dusty Tam was seen.
Nae Tarlan' man daur flout his fame
   Had he a chance to hear;
The Leochel men slid canny hame
   When he cam' aff his mear.
At Scuttrie or at Tumblin' Fair
   Nane ordered in sae free,
Or kent sae weel the way to share
   A mutchkin amo' three.
An' when he took the road at nicht,
   His bonnet some ajee,
Ye seldom saw a baulder wicht—
   Till Isie met his e'e.
She waited whaur the muirlan' track
   Strikes wi' the hamewith turn;
An' ower him there her anger brak'
   Like some spate-ridden burn.
The ouzel, startled, left the saugh
   An' skimmed alang the lade,
The kitty-neddies fae the haugh
   Gaed pipin' ower her head.
But still she flate till Tammas, now
   Dismounted on the loan,
Ran to the mill an' pu'd the tow
   That set the water on;
Syne busy banged the girnal lids,
   An' tossed the sacks about,
Or steered again the bleezin' sids,
   While aye she raved without.
She bann'd the moulter an' the mill,
   The intak, lade, an' dam,
The reekit dryster in the kil',
   Syne back again to Tam.
Till dark—the minister himsel'
   I'll swear he couldna stap her—

THE MILLER

Her teethless mou' was like a bell,
  Her tongue the clangin' clapper.
Neist mornin' she laid doon the law—
  He'd gang nae mair to fairs;
An' sae he held the jaud in awe
  He kept it—till St. Sairs.

THE MILLER EXPLAINS

The byword "as sweer as the Miller"
Disturbs me but little, for hech!
Ye'll find for ane willin' to bishop
A score sittin' ready to pech.
But come to the brose or the bottle,
    There's few need less priggin' than me;
While they're busy blessin' the bannock,
    I'm raxin' a han' to fa' tee.
The neighbours clash lood o' my drinkin',
    An' naething hits harder than truth;
But tales micht be tempered, I'm thinkin',
    Gin fouk would consider my drooth.
Nae doot, at the Widow's displenish
    Gey aften I emptied the stoup;
But thrift is a thing we should cherish,
    An' whisky's aye free at a roup.
Week in an' week oot, when I'm millin',
    The sids seem to stick in my throat;
Nae wonder at markets I'm willin'
    To spend wi' a crony a groat.
An' if I've a shaltie to niffer,
    Or't maybe some barley to sell,
An oonslockened bargain's aye stiffer—
    Ye ken that fu' brawly yersel'.
Fae forbears my thirst I inherit,
    As others get red hair or gout;
The heirship's expensive: mair merit
    To me that I never cry out.
An' sae, man, I canna help thinkin'
    The neighbours unkindly; in truth,
Afore they can judge o' my drinkin'
    They first maun consider my drooth.

THE PACKMAN

There was a couthy Packman, I kent him weel aneuch,
The simmer he was quartered within the Howe o' Tough;
He sleepit in the barn end amo' the barley strae,
But lang afore the milkers he was up at skreek o' day,
An' furth upon the cheese stane set his reekin' brose to queel
While in the caller strype he gied his barkit face a sweel;
Syne wi' the ell-wan' in his nieve to haud the tykes awa'
He humpit roon' the country side to clachan, craft an ha'.

Upon the flaggit kitchen fleer he dumpit doon his pack,
Fu' keen to turn the penny ower, but itchin' aye to crack;
The ploomen gaithered fae the fur', the millert fae the mill,
The herd just gied his kye a turn an' skirtit doon the hill,
The smith cam' sweatin' fae the fire, the weaver left his leem,
The lass forgot her comin' kirn an' connached a' the ream,
The cauper left his turnin' lay, the sooter wasna slaw
To fling his lapstane in the neuk, the elshin, birse an' a'.

The Packman spread his ferlies oot, an' ilka maid an' man
Cam' soon on something sairly nott, but never missed till than;
He'd specs for peer auld granny when her sicht begood to fail,
An' thummles, needles, preens an' tape for whip-the-cat to wale,
He'd chanter reeds an' fiddle strings, an' trumps wi' double stang,
A dream beuk 'at the weeda wife had hankered after lang,
He'd worsit for the samplers, an' the bonniest valentines,
An' brooches were in great request wi' a' kirk-gangin' queyns.

He'd sheafs o' rare auld ballants, an' an antrin swatch he sang
Fae "Mill o' Tiftie's Annie" or o' "Johnnie More the Lang,"
He would lilt you "Hielan' Hairry" till the tears ran doon his nose,
Syne dicht them wi' a doonward sleeve an' into "James the Rose";
The birn that rowed his shou'ders tho' sae panged wi' things to sell
Held little to the claik he kent, an' wasna laith to tell,—
A waucht o' ale to slock his drooth, a pinch to clear his head,
An' the news cam' fae the Packman like the water doon the lade.

THE PACKMAN

He kent wha got the bledder when the sooter killed his soo,
An' wha it was 'at threw the stane 'at crippled Geordie's coo,
He kent afore the term cam' roon' what flittin's we would see,
An' wha'd be cried on Sunday neist, an' wha would like to be,
He kent wha kissed the sweetie wife the nicht o' Dancie's ball,
An' what ill-trickit nickum catched the troot in Betty's wall,
He was at the feein' market, an' he kent a' wha were fou,
An' he never spoiled a story by consid'rin gin 'twas true.

Nae plisky ever yet was played but he could place the blame,
An' tell you a' the story o't, wi' chapter, verse an' name,
He'd redd you up your kith an' kin atween the Dee an' Don,
Your forbears wha were hanged or jiled fae auld Culloden on,
Altho' he saw your face get red he wouldna haud his tongue,
An' only leuch when threatened wi' a reemish fae a rung;
But a' the time the trade gaed on, an' notes were rankit oot
Had lang been hod in lockit kists aneth the Sunday suit.

An' faith the ablach threeve upon't, he never cried a halt
Until he bocht fae Shou'der-win' a hardy cleekit shalt,
An' syne a spring-cairt at the roup when cadger Willie broke,
That held aneth the cannas a' that he could sell or troke:
He bocht your eggs an' butter, an' awat he wasna sweer
To lift the poacher's birds an' bawds when keepers werena near;
Twa sizzens wi' the cairt an' then—his boolie rowed sae fine—
He took a roadside shoppie an' put "Merchant" on the sign.

An' still he threeve an' better threeve, sae fast his trade it grew
That he thirled a cripple tailor an' took in a queyn to shue,
An' when he got a stoot guidwife he didna get her bare,
She brocht him siller o' her ain 'at made his puckle mair,
An' he lent it oot sae wisely—deil kens at what per cent—
That farmers fan' the int'rest near as ill to pay's the rent;
An' when the bank set up a branch, the wily bodies saw
They beet to mak' him Agent to hae ony chance ava'.

THE PACKMAN

Tho' noo he wore a grauvit an' a dicky thro' the week,
There never was a bargain gaun 'at he was far to seek,
He bocht the crafter's stirks an' caur, an' when the girse was set
He aye took on a park or twa, an' never rued it yet;
Till when a handy tack ran oot his offer was the best
An' he dreeve his gig to kirk an' fair as canty as the rest,
An' when they made him Elder, wi' the ladle it was gran'
To see him work the waster laft an' never miss a man.

He sent his sons to college, an' the auldest o' the three—
Tho' wi' a tyauve—got Greek aneuch to warsle thro's degree,
An' noo aneth the soundin' box he wags a godly pow;
The second loon took up the law, an' better fit there's fyou
At chargin' sax an' auchtpence, or at keepin' on a plea,
An' stirrin' strife 'mang decent fouk wha left alane would 'gree;
The youngest ane's a doctor wi' a practice in the sooth,
A clever couthy cowshus chiel some hampered wi' a drooth.

The dother—he had only ane—gaed hine awa' to France
To learn to sing an' thoom the harp, to parley-voo an' dance;
It cost a protty penny but 'twas siller wisely wared,
For the lass made oot to marry on a strappin' Deeside laird;
She wasna just a beauty, but he didna swither lang,
For he had to get her tocher or his timmer had to gang;
Sae noo she sits "My Lady," an' nae langer than the streen
I saw her wi' her carriage comin' postin' ower Culblean.

But tho' his bairns are sattled noo, he still can cast the coat
An' work as hard as ever to mak' saxpence o' a groat;
He plans as keen for years to come as when he first began,
Forgettin' he's on borrowed days an' past the Bible span.
See, yon's his hoose, an' there he sits; supposin' we cry in,
It's cheaper drinkin' toddy there than payin' at the Inn,
You'll find we'll hae a shortsome nicht an' baith be bidden back,
But—in your lug—ye maunna say a word aboot the Pack.

THE LETTERGAE

On Sundays see his saintly look—
    What grace he maun be feelin',
When stridin' slawly ben the pass,
    Or to the lettrin speelin'!
What unction in his varied tones,
    As aff the line he screeds us,
Syne bites the fork, an' bums the note,
    Ere to the tune he leads us!
Plain paraphrase, or quirky hymn,
    Comes a' the same to Peter,
He has a tune for ilka psalm
    Nae matter what the metre.
"St. Paul's" or "University"
    Wi' equal ease is lifted;
At "Martyrdom" he fair excels—
    Eh! keep's sirs, but he's gifted!

But see him now, some workin' day
    When aproned in his smiddy,
An' mark the thuds 'at shape the shoon,
    An' dint the very studdy;
Or when he cocks his elbuck up
    To work the muckle bellows,
An' tells the clachan's latest joke
    To loud-lunged farmer fellows;
Or hear him in the forenicht lilt,
    Wi' sober face nae langer,
Some sang, nae fae a Sunday book,
    A tune that isna "Bangor":
To recognize him then, I'll wad,
    A stranger it would baffle;
On Sabbath he's the Lettergae,
    The Smith at roup or raffle.

MARGARET DODS

LATE VINTNER IN ST. RONAN'S

Nae mair the sign aboon the door
　　Wi' passin' winds is flappin';
Fish Nellie comes nae as afore
　　Wi' nervous chappin'.
The Captain's followed Francie Tyrell—
　　Mind ance he gaed to seek him,
An' felt your besom shaft play dirl
　　Doon-by at Cleikum.
Wi' thrift as great as made you build
　　To save the window taxin',
Death closed your e'en when greedy Eild
　　Cam' schedule raxin'.

How gladly would we lea' the Clubs,
　　"Wildfire" or "Helter Skelter,"
Dicht fae our feet a' earthly dubs,
　　Had ye a shelter
Whaur trauchled chiels—"an' what for no?"
　　Gin sae it please the gods—
Could rest an' fish a week or so
　　At Marget Dods'.
'Twould hearten strangers gin they saw
　　Across some caller loanin'
A wavin' sign whaur crook an' a'
　　Hung auld St. Ronan.

Then haudin' hard to new-won grace,
　　Rejectin' aucht 'at's evil,
Ye wouldna thole in sic a place
　　Dick Tinto's Deevil,
But send him sornin' doon the howe
　　To some tamteen or hottle,
Whaur birselt vratches fain, I trow,
　　Wad dreep a bottle.
An' since you're bye wi' anger noo,
　　Send wi' him something caller—
As muckle's slock the gizzened mou'
　　O' ae damned "Waller."

THE BACK O' BEYONT IS DRY

Fae the Back o' Beyont the carlie cam',
   He fittit it a' the wye;
The hooses were few, an' the road was lang,
   Nae winner the man was dry—
He was covered wi' stoor fae head to heel,
   He'd a drouth 'at ye couldna buy,
But aye he sang as he leggit alang
   "The Back o' Beyont is dry."

He'd a score o' heather-fed wethers to sell,
   An' twa or three scrunts o' kye,
An unbroken cowt to niffer or coup,
   A peck o' neep seed to buy;
But never a price would the crater mak',
   The dealers got "No" nor "Ay,"
Till they tittit the tow, he'd dae naething but sough
   "The Back o' Beyont is dry."

I' the year o' short corn he dee'd o' drooth,
   But they waked him weel upbye,
'Twas a drink or a dram to the cronies that cam',
   Or baith an they cared to try.
When the wag-at-the-wa' had the wee han' at twa
   Ye shoulda jist heard the cry,
As the corp in the bed gied a warsle an' said
   "The Back o' Beyont is dry."

Fae Foggyloan to the Brig o' Potarch,
   An' sooth by the Glen o' Dye,
Fae the Buck o' the Cabrach thro' Midmar,
   Whaurever your tryst may lie;
At ilka toll on the weary road
   There's a piece an' a dram forbye,
Gin ye show them your groat, an' say laich i' your throat
   "The Back o' Beyont is dry."

THE BACK O' BEYONT IS DRY

"The Back o' Beyont is dry,
The Back o' Beyont is dry,
To slocken a drooth can never be wrang,
Sae help yoursel' an' pass it alang,
The Back o' Beyont is dry."

A GREEN YULE

I'm weary, weary houkin' in the cauld, weet, clorty clay,
  But this will be the deepest in the yaird;
It's nae a four fit dibble for a common man the day—
  Ilk bane I'm layin' by is o' a laird.
Whaever slips the timmers, lippens me to mak' his bed,
  For lairds maun just be happit like the lave;
An' kistit corps are lucky, for when a'thing's deen an' said,
  There's lythe, save for the livin', in a grave.

Up on the watch-tower riggin' there's a draggled hoodie craw
  That hasna missed a funeral the year;
He kens as weel's anither this will fairly ding them a',
  Nae tenant on the land but will be here.
Sae up an' doon the tablin' wi' a gloatin' roupy hoast,
  He haps, wi' twistit neck an' greedy e'e,
As if some deil rejoicin' that anither sowl was lost
  An' waitin' for his share o' the dregie.

There's sorrow in the mansion, an' the Lady that tak's on
  Is young to hae sae muckle on her han',
Wi' the haugh lands to excamb where the marches cross the Don,
  An' factors aye hame-drauchted when they can.
Come spring, we'll a' be readin', when the kirk is latten oot,
  "Displenish" tackit up upon the yett;
For hame-fairm, carts an' cattle will be roupit up, I doot,
  The policies a' pailin'd aff an' set.

Twa lairds afore I've happit, an' this noo will mak' the third,
  An' tho' they spak' o' him as bein' auld,
It seerly seemed unlikely I would see him in the yird,
  For lang ere he was beardit I was bald.
It's three year by the saxty, come the week o' Hallow Fair,
  Since first I laid a divot on a grave;
The Hairst o' the Almighty I hae gathered late an' ear',
  An' coont the sheaves I've stookit, by the thrave.

A GREEN YULE

I hae kent grief at Marti'mas woold neither haud nor bin'—
    It was sair for even unco folk to see;
Yet ere the muir was yellow wi' the blossom on the whin,
    The tears were dry, the headstane a' ajee.
Nae bairns, nae wife, will sorrow, when at last I'm laid awa',
    Nae oes will plant their daisies at my head;
A' gane, but I will follow soon, an' weel content for a'
    There's nane but fremt to lay me in my bed.

Earth to earth, an' dust to dust, an' the sowl gangs back to God:
    An' few there be who think their day is lang;
Yet here I'm weary waitin', till the Master gies the nod,
    To tak' the gait I've seen sae mony gang.
I fear whiles He's forgotten on his eildit gard'ner here,
    But ae day He'll remember me, an' then
My birn o' sins afore Him I'll spread on the Judgment fleer,
    Syne wait until the angel says "Come ben."

There noo, the ill bird's flaffin' on the very riggin' stane,
    He sees them, an' could tell ye, did ye speer,
The order they will come in, ay, an' name them ilka ane,
    An' lang afore the funeral is here.
The feathers will be noddin' as the hearse crawls past the Toll,
    As soon's they tap the knowe they'll be in sicht;
The driver on the dickey knappin' sadly on his mull,
    Syne raxin' doon to pass it to the vricht.

The factor in the carriage will be next, an' ridin' close
    The doctor, ruggin' hard upon his grey;
The farmers syne, an' feuars speakin' laich aboot their loss,
    Yet thankfu' for the dram on sic a day.
Ay, there at last they're comin', I maun haste an' lowse the tow
    An' ring the lang procession doon the brae;
I've heard the bell sae aften, I ken weel its weary jow,
    The tale o' weird it tries sae hard to say.

      Bring them alang, the young, the strang,
        The weary an' the auld;
      Feed as they will on haugh or hill,
        This is the only fauld.

[23]

Dibble them doon, the laird, the loon,
  King an' the cadgin' caird,
The lady fine beside the queyn,
  A' in the same kirkyard.

The warst, the best, they a' get rest;
  Ane 'neth a headstane braw,
Wi' deep-cut text; while ower the next
  The wavin' grass is a'.

Mighty o' name, unknown to fame
  Slippit aneth the sod;
Greatest an' least alike face east,
  Waitin' the trump o' God.

HAME

There's a wee, wee glen in the Hielan's,
  Where I fain, fain would be;
There's an auld kirk there on the hillside
  I weary sair to see.
In a low lythe nook in the graveyard
  Drearily stands alane,
Marking the last lair of a' I lo'ed,
  A wee moss-covered stane.

There's an auld hoose sits in a hollow
  Half happit by a tree;
At the door the untended lilac
  Still blossoms for the bee;
But the auld roof is sairly seggit,
  There's nane now left to care;
And the thatch ance sae neatly stobbit
  Has lang been scant and bare.

Aft as I lie 'neath a foreign sky
  In dreams I see them a'—
The auld dear kirk, the dear auld hame,
  The glen sae far awa'.
Dreams flee at dawn, and the tropic sun
  Nae ray o' hope can gie;
I wander on o'er the desert lone,
  There's nae mair hame for me.

SPRING IN THE HOWE O' ALFORD

There's burstin' buds on the larick now,
    A' the birds are paired an' biggin';
Saft soughin' win's dry the dubby howe,
    An' the eildit puir are thiggin'.

The whip-the-cat's aff fae hoose to hoose,
    Wi' his oxtered lap-buird lampin',
An' hard ahint, wi' the shears an' goose,
    His wee, pechin' 'prentice trampin'.

The laird's approach gets a coat o' san',
    When the grieve can spare a yokin';
On the market stance there's a tinker clan,
    An' the guidwife's hens are clockin'.

The mason's harp is set up on en',
    He's harlin' the fire-hoose gable;
The sheep are aff to the hills again
    As hard as the lambs are able.

There's spots o' white on the lang brown park,
    Where the sacks o' seed are sittin';
An' wily craws fae the dawn to dark
    At the harrow tail are flittin'.

The liftward lark lea's the dewy seggs,
    In the hedge the yeldrin's singin';
The teuchat cries for her harried eggs,
    In the bothy window hingin'.

Nae snaw-bree now in the Leochel Burn,
    Nae a water baillie goupin'—
But hear the whirr o' the miller's pirn,
    The plash where the trouts are loupin'.

THE HINT O' HAIRST

O for a day at the Hint o' Hairst,
   Wi' the craps weel in an' stackit,
When the farmer steps thro' the corn-yard,
   An' counts a' the rucks he's thackit:

When the smith stirs up his fire again,
   To sharpen the ploughman's coulter;
When the miller sets a new picked stane,
   An' dreams o' a muckle moulter:

When cottars' kail get a touch o' frost,
   That mak's them but taste the better;
An' thro' the neeps strides the leggin'd laird,
   Wi' 's gun an' a draggled setter:

When the forester wi' axe an' keel
   Is markin' the wind-blawn timmer,
An' there's truffs aneuch at the barn gale
   To reist a' the fires till simmer.

Syne O for a nicht, ae lang forenicht,
   Ower the dambrod spent or cairtin',
Or keepin' tryst wi' a neebour's lass—
   An' a mou' held up at pairtin'.

WINTER

Now Winter rides wi' angry skirl
On sleety winds that rive an' whirl,
An' gaberlunzie-like plays tirl
    At sneck an' lozen.
The bairns can barely bide the dirl
    O' feet gane dozin.

The ingle's heaped wi' bleezin' peats
An' bits o' splutt'rin' firry reets
Which shortly thow the ploughmen's beets;
    An' peels appear
That trickle oot aneth their seats
    A' ower the fleer.

The auld wife's eident wheel gaes birr,
The thrifty lasses shank wi' virr;
Till stents are finished nane will stir
    Lest Yule should come,
When chiels fae wires the wark mith tirr
    To sweep the lum.

The shepherd newly fae the hill
Sits thinkin' on his wethers still;
He kens this frost is sure to kill
    A' dwinin' sheep:
His collie, tired, curls in its tail
    An' fa's asleep.

Now Granny strips the bairns for bed:
Ower soon the extra quarter fled
For which sae sairly they had pled:
    But there, it chappit;
An' sleepy "gweed words" soon are said,
    An' cauld backs happit.

WINTER

The milkers tak' their cogues at last,
Draw moggins on, tie mutches fast,
Syne hap their lantrens fae the blast
           Maun noo be met;
An' soon the day's last jot is past,
           Milk sey'd an' set.

Syne Sandy, gantin', raxes doon
His fiddle fae the skelf aboon,
Throws by the bag, an' souffs a tune,
           Screws up a string,
Tries antics on the shift, but soon
           Starts some auld spring.

Swith to the fleer ilk eager chiel
Bangs wi' his lass to start the reel,
Cries "Kissin time"; the coy teds squeal,
           An' struggle vainly:
The sappier smacks whiles love reveal,
           But practice mainly.

An opening chord wi' lang upbow
The fiddler strikes, syne gently now
Glides into some Strathspey by Gow,
           Or Marshall 't may be;
The dancers lichtly needle thro';
           Rab sets to Leebie.

Wi' crackin' thooms "Hooch! Hooch!" they reel,
The winceys, spreadin' as they wheel,
Gie stolen glints o' souple heel
           An' shapely queet.
The guidman claps his hands, sae weel
           He's pleased to see't.

The wrinkles leave the shepherd's broo,
For see the sonsy mistress too
Shows what the aulder fouks can do,
           An', licht's a bird,
Some sober country dance trips thro'
           Wi' Jock the herd.

Syne lads wha noo can dance nae mair
To cauldrife chaumers laith repair;
An' lasses, lauchin', speel the stair,
                    Happy an' warm.
For liftin' hearts an' killin' care
                    Music's the charm!

When frost is keen an' winter bauld,
An' deep the drift on muir an' fauld;
When mornin's dark an' snell an' cauld
                    Bite to the bane;
We turn in thocht, as to a hauld,
                    To some sic e'en.

R. L. S.

He hears nae mair the Sabbath bells
Borne on the breeze amang Lowden's dells,
Nor waukens when the bugle tells
                    The dawn o' day.

Fate was the flute the Gauger played,
Cheerin' him on wi' its hopes ahead;
Now "O'er the hills" the master's laid
                    "An' far away."

Tho' frail the bark, O he was brave,
Nor heedit the stormy winds that drave;
But lanely now the sailor's grave
                    Across the faem.

The deer unhunted roam at will,
The whaup cries sair on the dreary hill,
The chase is o'er, the horn is still:
                    The hunter's hame.

BURNS' CENTENARY

I'll be more respected a hundred years after I am dead
than I am at present—R. B., 1796

"My fame is sure; when I am dead
A century," the Poet said,
"They'll heap the honours on my head
         They grudge me noo";
To-day the hundred years hae sped
         That prove it true.

Whiles as the feathered ages flee,
Time sets the sand-glass on his knee,
An' ilka name baith great an' wee
         Shak's thro' his sieve;
Syne sadly wags his pow to see
         The few that live.

An' still the quickest o' the lot
Is his wha made the lowly cot
A shrine, whaur ilka rev'rent Scot
         Bareheadit turns.
Our mither's psalms may be forgot,
         But never Burns.

This nicht, auld Scotland, dry your tears,
An' let nae sough o' grief come near's;
We'll speak o' Rab 's gin he could hear's;
         Life's but a fivver,
And he's been healed this hundred years
         To live for ever.

FAME

I saw a truant schoolboy chalk his name
Upon the Temple door; then with a shout
Run off; that night a weary beggar came,
Leant there his ragged back and rubbed it out.

Dry-lipped she stands an' casts her glance afar,
  Ae hand across her brows to shield her een,
Her horn flung careless on the tapmost scaur,
  Where names deep chiselled in the rocks are seen.
An' far below, on ilka ridge an' knowe,
  A warslin' thrang o' mortals still she spies,
Wha strive an' fecht an' spurn the grassy howe—
  Thro' whins an' heather ettlin' aye to rise.
Ane whiles she sees, wha, perched upon a stane,
  Proclaims that he at least the goal has won,
But shortly finds he's shiverin' there his lane
  Wi' scores aboon, between him an' the sun.
Another, sair forfochen wi' the braes,
  Enjoys the view while he has strength to see;
"Weel's better aye than waur," content, he says,
  "Thus far is far an' far aneuch for me."
Some wise, or lazy, never quit the glen,
  But stretched at easedom watch the hill aboon,
Glad whiles to see ane gettin' up they ken,
  But aft'ner pleased to see him rumblin' doon.
Ane, better shod or stronger than the lave,
  Gets near aneuch to grip her skirts at last;
She lifts her horn an' o'er a new-made grave
  Awakes the echoes wi' a fun'ral blast.

THE AE REWARD

Gae wauken up the Muses nine;
  Tho' we've nae plaited bays
Aroon' their curly pows to twine,
  We winna stent them praise
Gin music tak' her chanter doon,
  Her sister start a sang,
The other saeven join the tune
  An' lift it lood an' lang.

First set the tune to suit the time
  When we were loons at school,
The sang can be a careless rhyme
  Nae measured aff by rule.
We stole our pleasures then, prepared
  Wi' hands held out to pay;
Were aulder sins as easy squared,
  Oor slates were clean the day.

Syne twa three bars in safter key
  For days o' youthfu' love,
When lasses a' to you an' me
  Were angels fae above.
Lang-leggit Time, but he was fleet
  When we'd a lass the piece,
When bondage aye o'er a' was sweet,
  An' freedom nae release.

Noo stamp an' blaw a skirl o' war—
  The times that noo we hae,
An' gin the need be near or far
  We're ready for the day.
The tykes are roon' the lion's lair,
  We've seen the like before,
An' seldom hae they wanted mair
  When ance they heard him roar.

THE AE REWARD

Syne choke the drones—ae reed's enew
  To play the days to come,
When auld Age stachers into view
  An' adds up a' the sum.
We've loved an' focht an' sell't an' bocht
  Until we're short o' breath;
The auld kirkyard the ae reward,
  An' that we get fae Death.

"MY LORD"

Nakit tho' we're born an' equal,
   Lucky anes are made Police;
An' if civil life's the sequel,
   Honours but wi' age increase,
Till a Baillie, syne selected
   Ruler ower the Council Board,
An' tho' never re-elected,
     "Ance a Provost, aye 'My Lord.' "

Credit's got by advertisin'
   Ye hae siller still to lend;
Get the word o' early risin',
   Ye can sleep a week on end.
Gie a man a name for fightin'—
   Never need he wear a sword;
Men will flee afore his flytin'—
     "Ance a Provost, aye 'My Lord.' "

But for mischief name a body,
   He can never win aboon't,
Folk wad swear he chate the wuddy
   In the lint-pot gin he droon't;
For unless ye start wi' thrivin',
   A' your virtues are ignored,
Vain a' future toil an' strivin'—
     "Ance a Provost, aye 'My Lord.' "

IN THE GLOAMIN'

Why sinks the sun sae slowly doon
    Behind the Hill o' Fare?
What restless cantrip's ta'en the moon?—
    She's up an hour an' mair.
I doubt they're in a plot the twa
    To cheat me o' the gloamin';
Yestreen they saw me slip awa'
    An' ken where I gang roamin'.

The trees bent low their list'nin' heads
    A' round the Loch o' Skene;
The saft winds whispered 'mang the reeds
    As we gaed by yestreen.
The bee, brushed fae the heather bell,
    Hummed loudly at our roamin',
Syne hurried hame in haste to tell
    The way we spent the gloamin'.

The mavis told his mate to hush
    An' hearken fae the tree;
The robin keekit fae a bush
    Fu' pawkily an' slee.
An' now they sing o' what they saw
    Whenever we gang roamin';
They pipe the very words an' a'
    We whispered in the gloamin'.

The wintry winds may tirr the trees,
    Clouds hide baith sun an' moon,
An early frost the loch may freeze,
    An' still the birdies' tune.
The bee a harried bike may mourn,
    An' mirk o'ertak' the gloamin',
But aye to thee my thochts will turn,
    Wherever I gang roamin'.

THE MAID O' THE MILL

The cushie doos are cooin' in the birk,
  The pee-weets are cryin' on the lea,
The starlings in the belfry o' the kirk
  Are layin' plans as merry as can be.
The mavis in the plantin' has a mate,
  The blackbird is busy wi' his nest,
Then why until the summer should we wait
  When spring could see us happy as the rest?

There's leaves upon the bourtree on the haugh,
  The blossom is drappin' fae the gean,
There's buds upon the rantree an' the saugh,
  The ferns about the Lady's Well are green.
A' day the herd is liltin' on the hill,
  The o'ercome o' ilka sang's the same:
"There are ower mony maidens at the Mill,
  It's time the ane I trysted wi' cam' hame!"

THE WITCH O' THE GOLDEN HAIR

Auld carlins ride on their brooms astride
Awa' thro' the midnight air,
But they cast nae spell on a man sae fell
As the Witch o' the Golden Hair.

Nae a fairy free 'neath the hazel tree
That dances upon the green
Ever kent a charm that could heal or harm
Like the glint o' her twa blue een.

Fae the earth she's reived, fae the Heav'n she's thieved,
For her cauldron's deadly brew;
She laughs at the stounds o' the hearts she wounds,
For what recks the Witch o' rue?

Lang, lang may the vine in its envy twine
To compass a bower sae rare,
As will peer, I trow, wi' her broad low brow
An' her wavin' golden hair.

The bloom fae the peach that we ne'er could reach,
The red that the apple missed,
You'll find if you seek on the Witch's cheek,
Left there when the summer kissed.

The blue drappit doon fae the lift aboon
To shine in her dancin' een;
An' the honey-bee sips fae her red, red lips,
Syne brags o' the sweets between.

Wi' a magic wile she has won the smile
That the mornin' used to wear,
An' the gold the sun in his splendour spun
Lies tangled amang her hair.

The saft south wind cam' to her to find
A haven to sink an' die,
An' the breath o' myrrh it bequeathed to her
You'll find in the Witch's sigh.

THE WITCH O' THE GOLDEN HAIR

The dimples three that you still can see
  Are a' she can claim her ain,
For in Nature fair naught can compare
  Wi' them; they are hers alane.

ARLES

For arles he gae me a kiss,
   An' twa ilka day was my fee;
A bargain nae surely amiss,
   If paid where naebody could see.

But scarce was the compact complete
   Ere I would hae broken't again,
The arles he gae were sae sweet,
   For mair o' them, Sirs, I was fain.

It's braw wi' the tweezlock to twine
   Lang rapes in the barn sae lythe,
Yet better by far when it's fine,
   An' I gaither after his scythe.

O busy's the banster at e'en,
   Till bedtime he sits an' he glooms,
An' aye he cries, "Lassie, a preen,"
   An' worries the stobs in his thooms.

The laddie is tired wi' the rake,
   Sleep soon puts a steek in his e'e,
An' I slip awa' to the break
   An' cannily gather my fee.

WHERE LOVE WAS NANE

At farmers' faugh lairds still may laugh,
    An' the tinker sing as he clouts the pan;
But what will cheer my bairnie dear
    When he kens his father's a witless man?

Bought by a ring, puir silly thing,
    An' bent by the wind o' my kinsfolk's breath,
Wha would gang braw, if that were't a'?—
    O! a loveless life it is waur than death!

Will land or hoose seem good excuse
    For a mither married where love was nane?
It's hard for me, this weird to dree,
    But it's waur that I canna bear't my lane.

My puir wee bairn, ye'll live to learn
    How heavy the burden ye hae to bear.
What's gold or name when born to shame,
    An' o' sic a twasome to be the heir?

THE DEIL AN' THE DEEVILOCK

The muckle Deil lay at the mirk pit mou',
    An' hard at his heel lay a Deevilock;
While the brimstane reek wi' an upward spew
    Swirled roon' baith the Deil an' the Deevilock.
As their tails like flails were fannin' the air,
Said the big ane then to the wee ane there:
"In colour an' scouk we are sib as sins,
Wi' a half ell mair we would pass for twins."
    ("A wee toad spits," quo' the Deevilock.)

"Since the warl' was made"—'twas the auld Deil spak'—
    ("That's far cry noo," quo' the Deevilock.)
"I hae wandered far but I've aye come back."
    ("To a het hame too," quo' the Deevilock.)
"Since first I set oot wi' a teem new creel,
Haena mortals changed an' their ways as weel!
For then I was thin an' had wark enew,
Noo I'm fat as creesh, an' the furnace fu'."
    ("Improve the draught," quo' the Deevilock.)

"Then aften I swore at the cloven hoof,"
    ("It's gey ill to shee," quo' the Deevilock.)
"An' the horns an' tail scared mony a coof."
    ("Faith they hamper me," quo' the Deevilock.)
"Gin I taul' ye noo ye would scarce believe
The bother I had wi' that besom Eve;
But forbid her noo, ye would find, I ween,
She would eat the crap while it yet was green."
    ("Syne lift the tree," quo' the Deevilock.)

"In the early days I would aften fail,"
    ("Syne sae lood God leuch," quo' the Deevilock.)
"To wile them awa' to my henchman Baal."
    ("Wasna auld Job teuch?" quo' the Deevilock.)
"The brawest an' best o' my weel waled flock
Struggled lang an' sair wi' a reeshlin' pock;
I nickit him tho', at the hinder-end,
Wi' the thirty croons that he couldna spend.
    ("He'd lots o' heirs," quo' the Deevilock.)

"But willin' an' keen they come half roads noo,"
  ("Saul! in fair big croods," quo' the Deevilock.)
"An' the backward anes are baith far an' few."
  ("Curse your platitudes," quo' the Deevilock.)
"They crack roon' the fire, an' are nae mair blate
Than a bonnet laird wi' a new estate;
Their hands playin' smack on their birslin' shins
As they lauch an' brag o' their former sins."
  ("Hame's aye hame-like," quo' the Deevilock.)

"An' you, ye're the warst o' my horny crew";
  ("I'm sorry I spak'," quo' the Deevilock.)
"Nae an antrin' jot leavin' me to do."
  ("An' I aye blush black," quo' the Deevilock.)
"For a hungry chiel ye've an open gate,
Help the elder pooch fae his ain kirk plate;
Nae a leein' man nor a faithless dame
But is coontin' kin, when they hear your name."
  ("I'm 'Canny-chance,' " quo' the Deevilock.)

"Wi' the ministers ye are mair than thrang,"
  ("Took a Sunday twice," quo' the Deevilock.)
"Aye giein' them texts to support a wrang."
  ("Guid halesome advice," quo' the Deevilock.)
"When in Auchterless ye suggest the prayer—
'Show my duty, Lord, lies in Auchtermair';
An' when stipens shrink wi' the fa' in fiars,
Siccan sizzons ban as ye mix your tears."
  ("We're a' ae claith," quo' the Deevilock.)

"Ye hae even dealt amo' stocks an' shares,"
  ("Selled some to arrive," quo' the Deevilock.)
"An' made likely men into millionaires."
  ("Hoot, our bairns maun thrive," quo' the Deevilock.)
"Ye startit a war, an' to raise a loan
Showed a spen'thrift king how to wadset's throne;
An' raikit them in fae the bench an' cell,
Till the Fact'ry Act is in bits in Hell."
  ("Nae half-time there," quo' the Deevilock.)

[44]

THE DEIL AN' THE DEEVILOCK

"Nae a pleasant thing hae ye left aneth,"
   ("There's the company," quo' the Deevilock.)
"An' a weary Deil canna look for death."
   ("Here's lang life to me," quo' the Deevilock.)
"It's Hell to hae naething to do but sit
An' curse at the creak o' the birlin' spit;
I'm red, red wi' rust, save the jinglin' keys,
I'd swap wi' a god wha is fond o' ease."
   ("Ha! ha!—ha! ha!" quo' the Deevilock.)

A BACKCAST

How lanely the nichts by the auld ingle cheek,
   Ohone, but a mither is nae like a wife,
Regret on the creepie sits watchin' the reek,
   An' whaur are the bairnies to comfort my life?

The backcast is dreary o'er years that are spent,
   The rowan is withered, an' leafless the gean,
They re gane noo for ever, but, eh! had I kent,
   Grim winter is reignin' where summer was queen.

I dammed for the lade that had never a wheel,
   The chickens were bonnie but noo they're awa',
The castles I biggit gie other folk biel'.
   O wae tak' the gled that gaed aff wi' them a'.

A lassie proved fickle, unfaithfu' a frien',
   Tho' soorocks an' tansies grow green in the ha',
An' a mither is a' I hae left o' my ain,
   The ivy sae kindly aye covers the wa'.

THE LAWIN'

The way o' transgressors is hard;
　　　There cometh a day
The Wicked will get their reward,
　　　The Devil his pay.

Cauld Death is the wages o' Sin:
　　　Stents finished, we rue:
The thread, tho' sae pleasant to spin,
　　　Has connached the woo'.

As soon as we've emptied the caup
　　　The lawin's to clear;
Tho' thistles be only the crap
　　　The sawer maun shear.

Sae let us consider it weel
　　　Ere joinin' the fling,
The dancer when tired o' the reel
　　　Maun pay for the spring.

Then coont on the Lawin', the Lawin', the Lawin',
　Keep mind o' the Lawin', forget na the score;
We pay what we're awin', we're awin', we're awin',
　We pay a' we're awin' when Death's at the door.

THE GYPSY

O wasna he bauld for a tinker loon,—
    Sim leant on his rake an' swore—
To fling a' his wallets an' bawd-skins doon,
    An' rap at the castle door.

Wi' my Lord awa' at the Corbie's linn
    There was man nor dog at hame,
Save a toothless bitch 'at was auld an' blin',
    An' the gard'ner auld an' lame.

When my Lady heard she cam' doon the stair,
    An' ben thro' the antlered ha',
Whaur, bonnet in hand, stood the gypsy there
    As raggit as she was braw.

"O I hinna kettles to clout," she said,
    "An' my spoons an' stoups are hale,
But gin ye gang roon' to the kitchen maid
    She'll gie ye a waucht o' ale."

"It's never the way o' the gentry, na,
    When visitin' 'mang their frien's,
To drink wi' the maids in the servants' ha'
    Or speak about stoups an' speens.

"An' we are mair sib than ye think," quo' he,
    "For his Lordship's father's mine;
Tho' the second wife was o' high degree,
    His first was a gypsy queyn.

"An' the younger son got the lands an' a',
    But the gypsies bettered me;
He is only laird o' a fairm or twa,
    I'm king o' the covin-tree.

"Sae I am guid-brither to you, my lass,
    An' head o' the auncient name;
An' it wouldna be richt for me to pass
    Withoot cryin' in by hame."

THE GYPSY

O a hantle then did the twasome say,
  An' muckle passed them between;
But at last 'twas "Sister, a fair good day,"
"Guid-brither, a fair good e'en."

"My Lord comes hame fae the huntin' soon,
  An' he's big, weel-faured, an' braw,
But he isna a man like the tinker loon,
  Wi' wallets an' rags an' a'."

"Gin she were as free as the maids I ken,
  Dancin' bar'fit on the green;
As I am the King o' the gypsy men,
  This nicht she would be my Queen."

But the bluid ran thin in the gard'ner Sim,
  He'd heard o' the cairds afore,
An' the auld romance had nae charms for him,
  He lockit the hen-hoose door.

"BYDAND"

There's a yellow thread in the Gordon plaid,
  But it binds na my love an' me;
An' the ivy leaf has brought dool an' grief
  Where there never but love should be.

For my lad would 'list: when a Duchess kiss't
  He forgot a' the vows he made;
An' he turned and took but ae lang, last look,
  When the "Cock o' the North" was played.

O, her een were bright, an' her teeth were white
  As the silver they held between;
But the lips he pree'd, were they half as sweet
  As he vow'd 'at mine were yestreen?

A poor country lass, 'mang the dewy grass,
  May hae whiles to kilt up her goon;
But a lady hie sae to show her knee,
  An' to dance in a boro' toon!

Gin I were the Duke, I could nae mair look
  Wi' love on my high-born dame;
At a kilt or plaid I would hang my head,
  An' think aye on my lady's shame.

By my leefu' lane I sit morn an' e'en,
  Prayin' aye for him back to me;
For now he's awa' I forgie him a'
  Save the kiss he was 'listed wi'.

THE OUTLAW'S LASS

Duncan's lyin' on the cauld hillside,
  Donal's swingin' on the hangman's yew:
Black be the fa' o' the sergeant's bride
  Wha broke twa troths to keep ae tryst true.

The red-coats march at the skreek o' day,
  An' we maun lie on the brae the night;
Then here's to them safely on their way,
  Speed to the mirk brings the mornin's fight.

Here's luck to me if you chance to fa',
  An' here's to luck if it favours you;
For she's but ane, an' o' us there's twa,
  To him that's left may she yet prove true.

In days to come, when the reivers ride,
  They'll miss ae sword that was swift an' keen,
An' you or I, as the Fates decide,
  Will curse the glint o' a woman's een.

A parting cup, we will drink it noo,
  Syne break the quaich to a shattered faith;
Here's happiness to the lass we lo'e,
  The lying lass wha deceived us baith.

The soldiers drink in the change-house free,
  The tinker's clinkin' a crackit quaich;
But cuddlin' there on the sergeant's knee
  Wha is the lass that is lauchin' laich?

[51]

CHARON'S SONG

Another boat-load for the Further Shore,
  Heap them up high in the stern;
Nae ane o' them ever has crossed before
  An' never a ane 'll return.
      Heavy it rides sae full, sae full,
        Deep, deep is the River,
      But light, light is the backward pull,
        The River flows silently on.

A cargo o' corps that are cauld I trow—
  They're grippy that grudge the fare—
An' the antrin quick wi' his golden bough
  That's swappin' the Here for There.
      Heavy it rides sae full, sae full,
        Slow, slow is the River,
      But light, light is the backward pull,
        The River flows silently on.

In vain will they look wha seek for a ford,
  Where the reeds grow lank an' lang:
This is the ferry, an' I am the lord
  An' king o' the boat an' stang.
      Heavy it rides sae full, sae full,
        Black, black is the River,
      But light, light is the backward pull,
        The River, my River, flows on.

VIRGIL IN SCOTS

ÆNEID, BOOK III, 588-640

Neist mornin' at the skreek o' day
    The mist had newlins lifted;
The sky, a whylock syne sae grey,
    To fleckit red had shifted:
When suddenly our herts gaed thud
    To see a fremt chiel stalkin',
Wi' timorous steps fae out the wud,
    As fleyed-like as a mawkin.
Lod! sic a sicht, half hid in glaur,
    It made us a' feel wae, man;
His hams were thin, his kyte was waur,
    It hung sae toom that day, man.
His mattit beard was lang an' roch's
    Gin it had ne'er been shorn;
His kilt could barely fend his houghs
    Fae stobs, it was sae torn.
A Greek was he, wha short afore
    At Troy was in the brulzie,
An' tho' a halflin then, he bore
    A man's pairt in the tulzie.
As soon's he spied our Trojan graith
    He nearhan' swarfed wi' fear;
But maisterin' his dread o' skaith
    At last he ventured near.
"I charge you by the stars," he cried,
    "An' by the powers on high,
To snatch me hence, nor lat me bide
    At Cyclops' hands to die.
I'll no deny that I'm a Greek,
    Or that I was at Troy;
Nor yet to hide the part I'll seek,
    That I took in the ploy.
Sae gin ye judge my fau't sae sair
    That grace ye daurna gie,
Tear me to bits, fient haet I care,
    An' sink me in the sea.

I'll meet my death without a wird,
    If dealt by men like these,"
He said: syne flang him on the yird,
    An' glammoched at our knees.
Wi' kindly mint we stilled his fear,
    Enquired his name an' clan,
An' what fell bluffert blew him here
    Wi' sic a hertless flan.
To set him further at his ease
    Anchises gae him 's han',
An' heartened by our kindliness
    The chiel at last began:
"My name is Achaemenides,
    An' Ithaca my land;
An' some ooks syne I crossed the seas
    Wi' poor Ulysses' band.
Oh, why left ever I my hame?
    I'd troubles there enew;
My comrades left me, to their shame,
    When fae Cyclops they flew.
Cyclops himsel', wha can describe?
    The stars are ells below him;
Gude send we ne'er may hae to bide
    Within a parish o' him.
His dungeon large, a hauddin' fit
    For sic an awsome gleed;
There at his fae's dregies he'll sit
    An' spairge aboot their bleed.
Wi' horrid scouk he frowns on a'
    An' heedless o' their skraichs,
He sweels their monyfaulds awa'
    Wi' wauchts fae gory quaichs.
I saw him, sirs, as sure's I live,
    Ance as he lay at easedom,
Twa buirdly chiels tak' in his neive,
    Syne careless fae him heeze them.
They fell wi' sic a dreadfu' thud,
    Whaur stanes lay roon' in cairns;
The causey ran wi' thickened blood
    Like stoorum made wi' harns.

[54]

I watched him tak' their limbs an' cram
  Them ower his weel-raxed thrapple;
The life scarce left the quivering ham
  That shivered in his grapple.
But never was Ulysses slack
  To pay where he was awin',
An' starkly did he gie him 't back,
  An' bravely cleared the lawin'.
For while the hoven monster snored,
  An' rifted in his dreams,
We first the great God's help implored
  An' blessing on our schemes;
The kavils cuist: a feerious thrang
  Syne gaithered roond aboot,
An' wi' a sturdy pointed stang
  We bored his ae e'e oot."

HORACE IN SCOTS

Car. i, 11

Tu ne quaesieris

Ye needna speer, Catriona, nae spaewife yet could tell
   Hoo short or lang for you an' me the tack o' life will rin,
We'll better jist dree oot the span as we hae dane the ell,
   Content gin mony towmonds still we're left to store the kin,
Or this the last we'll see the rocks tashed wi' the weary seas;
   Hae sense an' set the greybeard oot; wi' life sae short for a'
They're daft that plan ae ook ahead; Time keeks asklent an' flees
   E'en as we crack; the nicht is oors, the morn may never daw.

HORACE IN SCOTS

Car. I, 38

Persicos odi

Foreign fashions, lad, allure you,
    Hamespun happit I would be;
Bring nae mair, for I assure you
    Ferlies only scunner me.

Fancy tartans, clanless, gaudy,
    Mention them nae mair, I say;
Best it suits your service, laddie,
    An' my drinkin', hodden-grey.

HORACE IN SCOTS

Rectius vives

Tempt not the far oonchancie main,
　　Nor fearin' blufferts, frien',
Creep roon' fause headlan's; haud your ain
　　Tack fair atween.

The gowden mids, wha aims at it
　　Will shun the tinker's lair,
Nor gantin' in a castle sit
　　Whaur flunkeys stare.

The heichest fir storms aft'nest bow;
　　Lums fa' wi' sairest dunt;
When lightnings rive, bauld Morven's pow
　　Drees aye the brunt.

Come weel, come wae, wi' hope or fear
　　Prepare your heart for a';
The same Power sends the rain will clear
　　The cloods awa'.

Tho' here the day ye've waes galore
　　The morn may see them gone;
Fate whiles lays by the dour claymore
　　An' tunes the drone.

In trouble bauldly bear yoursel';
　　When thrivin', mind the fret—
"Tho' lang the pig gangs to the well,
　　Its ae day's set."

HORACE IN SCOTS

Donec gratus eram

HAIRRY
"When Leebie lo'ed me ower them a',
  An' deil a dearer daured to fling
An airm aboot her neck o' snaw,
  I struttit crouser than the king."

LEEBIE
"When I was Hairry's only care,
  Afore he lo'ed me less than Jean,
Wha spak' o' love at kirk or fair
  Set Leebie aye aboon the queen."

HAIRRY
"Noo Hielan' Jean has witched me sae,
  She harps an' sings wi' siccan skill,
Cauld Death can streek me on the strae
  Gin he but spare my marrow still."

LEEBIE
"For Colin dear, my heart's alowe
  As his for me, Glen Nochty's heir,
Fate twice at me may shak' his pow
  Gin he will still my laddie spare."

HAIRRY
"Gin tinker Love wi' clinks o' brass
  Bind baith oor hearts, an' I forget
Red-headit Jean, an' you my lass—
  Lang left—again see wide the yett?"

LEEBIE
"Tho' steady as a starn is he,
  An' you're like bobbin' cork, it's true,
Wi' temper grumlie as the sea,
  I'd love an' live an' dee wi' you."

[59]

HORACE IN SCOTS

Uxor pauperis Ibyci

Kirsty, ye besom! auld an' grey,
 Peer Sandy's wrunkled kimmer,
Death's at your elbuck, cease to play
 Baith hame an' furth the limmer.

Ongauns like yours lads weel may fleg
 Fae lasses a' thegither;
Tibbie may fling a wanton leg
 Would ill set you her mither.

She Anra's bothy sneck may tirl
 An' loup like ony filly;
Love stirs her as the pipers' skirl
 Some kiltit Hielan' billie.

Nane pledge or bring you posies noo;
 Auld wives nae trumps set strummin',
For runts like you the Cabrach woo'—
 It's time your wheel was bummin'.

HORACE IN SCOTS

Car. iii, 26

Vixi puellis

O' life an' love I'm by wi' a',
  Tho' I've had cause o' baith to brag;
Hang dirk an' chanter on the wa',
  Nae mair I'll reive or squeeze the bag.

Whaur on the left my lantren gleams
  Weel gairdit by the sea-born queen,
I lay my love an' war worn leems
  Hae mony a midnicht tulzie seen.

O Venus, fae your island fair
  Wi' snawless mountains, hear an' help,
Rax back your rung, an' ance—nae mair—
  Gie saucy Meg a canny skelp.

HORACE IN SCOTS

Beatus ille

Happy is he, far fae the toon's alairm
Wha wons contentit on his forbears' fairm;
Whistlin' ahint his owsen at the ploo,
Oonfashed wi' siller lent or int'rest due.
Nae sodger he, that's piped to wark an' meat,
Nae bar'fit sailor, fleyed at wind an' weet,
Schoolboard nor Session tempt him fae his hame,
Provost or Baillie never heard his name;
His business 'tis to sned the larick trees
For lichened hag to stake his early peas,
Or on his plaid amang the braes to lie
Herdin' his sleekit stots an' hummel kye,
Here wi' his whittle nick a sooker saft,
There mark a stooter shank for future graft;
Whiles fae a skep a dreepin' comb he steals,
Or clips the doddit yowes for winter wheels.
When ower the crafts blythe Autumn lifts her head
Buskit wi' aipples ripe an' roddens red,
He speels the trees the hazel nuts to pu',
An' rasps an' aivrins fill his bonnet fu',—
Fit gifts awat, for gods o' wood an' yaird
To show the gratefu' husbandman's regaird.
Ah, then 'tis pleasant on saft mossy banks
'Neath aunjcient aiks to ease his wearied shanks,
Whaur hidden burnies rumblin' onwards row,
An' liltin' linties cheer the peacefu' howe,
An' babblin' springs, as thro' the ferns they creep
Wi' ceaseless croonin' lull to gentle sleep.
When stormy winter comes an' in its train
Brings drivin' drift an' spates o' plashin' rain,
Wi' dog an' ferret then he's roon' the parks
Whaur rabbits in the snaw hae left their marks;
Or brings wi' smorin' sulphur thuddin' doon
The roostin' pheasant fae the boughs aboon,
Or daunders furth wi' girn an' gun to kill

White hares an' ptarmigan upon the hill.
Wha mid sic joys would ever stop to fash
Wi' trystin' queyns, their valinteens an' trash?
But gin a sonsy wife be his, she'll help
Wi' household jots, the weans she'll clead an' skelp,
An'—Buchan kimmers ken the way fu' weel
Or Hielan' hizzies—tenty toom the creel
O' lang hained heath'ry truffs to reist the fire
Against her man's return, fair dead wi' tire,
An' byre-ward clatter in her creeshie brogues
To fill wi' foamin' milk the scrubbit cogues,
Syne fae the press the cakes an' kebbuck draw
An' hame-brewed drink nae gauger ever saw—
Plain simple fare; could partans better please
Or skate or turbot fae the furthest seas,
Brocht to the market by the trawler's airt,
Hawkit fae barrows or the cadger's cairt?
Nae frozen dainties, nae importit meat,
Nae foreign galshochs, taste they e'er sae sweet,
But I will match them fast as ye can name
Wi' simple berries that we grow at hame—
Wi' burnside soorocks that ye pu' yoursel',
Wi' buttered brose, an' chappit curly kail,
Wi' mealy puddins fae the new killed mart,
Or hill-fed braxy that the tod has spar'd.
What happier life than this for young or auld?
To see the blackfaced wethers seek the fauld,
The reekin' owsen fae the fur' set free
Wear slowly hamewith ower the gowan'd lea,
An' gabbin' servants fae the field an' byre
Scorchin' their moleskins at the kitchen fire.

The banker swore 'mid siccan scenes to die,
  "Back to the land" was daily his refrain;
A fortnicht syne he laid his ledgers by,
  The nicht he's castin' his accounts again!

THE REMONSTRANCE

Noo man, hoo can ye think it richt
To waste your time, nicht after nicht,
An' hunker in the failin' licht
        Wi' moody broo,
Like some puir dwinin' thewless wicht
        Wi' death in view?

I've taul' ye aft aneuch it's nae
As if ye'd aught 'at's new to say,
Or said auld things some better way,
        Or like some callants
Gat fouk to praise your sangs an' pay
        Ye for your ballants.

Instead o' vreetin' like a clerk
Till bed-time brings alang the dark,
Ye should be sportin' in the park
        An' hear the clamour
Wad greet ye, should ye pass my mark
        Wi' stane or hammer.

Or tak' a daunder roon' the braes
An' hear the blackies pipe their lays,
The liftward laverock's sang o' praise,
        An' syne, my billie,
Mak' nae mair verses a' your days—
        Shut doon your millie.

THE REPLY

Tho' loud the mavis whistles now
An' blackbirds pipe fae ilka bough
An' laverocks set the heart alowe—
        Mid a' the plenty
You'd miss upon the wayside cowe
          The twitt'rin' lintie.

An' think you, when the simmer's gane,
When sleet blaws thro' the leafless plane,
An' bieldless birds sit mute an' lane,
        The woods a' cheerless,
The hamely robin on the stane
          Sings sweet an' fearless.

So tho' my sangs be as you say
Nae marrow for the blackbird's lay,
They may hae cheered somebody's way
        Wha wanted better,
An' sent him happier up the brae
          My welcome debtor.

Nae care hae I, nor wish to speel
Parnassus' knowe, for mony a chiel
Has tint his time, his life as weel,
        To claim a bit o't:
I only crave a wee bit biel'
          Near han' the fit o't.

SCOTLAND OUR MITHER

Scotland our Mither—this from your sons abroad,
Leavin' tracks on virgin veld that never kent a road,
Trekkin' on wi' weary feet, an' faces turned fae hame,
But lovin' aye the auld wife across the seas the same.

Scotland our Mither—we left your beildy bents
To hunt wi' hairy Esau, while Jacob kept the tents.
We've pree'd the pangs o' hunger, mair sorrow seen than mirth,
But never niffer'd, auld wife, our rightfu' pride o' birth.

Scotland our Mither—we sow, we plant, we till,
But plagues that passed o'er Egypt light here an' work their will.
They've harried barn an' basket till ruin claims us sure;
We'd better kept the auld craft an' herdit on the muir.

Scotland our Mither—we weary whiles an' tire;
When Bad Luck helps to outspan, Regret biggs up the fire;
But still the hope uphaulds us, tho' bitter now the blast,
That we'll win to the auld hame across the seas at last.

Scotland our Mither—we've bairns you've never seen—
Wee things that turn them northward when they kneel down at e'en;
They plead in childish whispers the Lord on high will be
A comfort to the auld wife—their granny o'er the sea.

Scotland our Mither—since first we left your side,
From Quilimane to Cape Town we've wandered far an' wide;
Yet aye from mining camp an' town, from koppie an' karoo,
Your sons richt kindly, auld wife, send hame their love to you.

A Sough o' War

*To a young sapper somewhere in France
and to all in whatever airt
upholding the fair name and honour of Scotland*

Ye're better men, ye're baulder men,
Ye're younger men forby,
Mair fit we ken than aulder men
To answer Scotland's cry.
Yet mony a chiel that's beld an' grey,
An' trauchlin' at the ploo,
Would fain fling up his tack the day
To face the frem't wi' you.
Gey short o' breath, but keen an' teuch,
It's but his birn o' days
That hauds him here by closs an' cleuch,
Lythe haughs an' heathery braes.

Wi' apron neuks the lasses dicht
Their weary grutten een,
An' waukin' mithers lie at nicht
Thinkin' o' them 'at's gane;
They're sad an' silent at their meat,
Saft-fittit but an' ben,
But they can thole, for they can greet,—
It's steekit teeth for men.
An' yet they're liftit up an' prood,
They've reason for their pride,
Kennin' the onsets ye've withstood,
The dirdin's ye've defied.

Tak' then for kain these strouds o' rhymes
Fae yont the shoudin' sea,
To mind ye o' the Land at times
That, thanks to you, is free.
Or, neth a lift onkent an' dour,
Whaur new starns rise an' set,
They may come in some antrin 'oor,
To help ye to forget.
An' in the tongue we never tine,
In words as bairns we spak',
Here's Scotland's biddin' in a line,
"Hing in an' haiste-ye-back."

A SOUGH O' WAR

The corn was turnin', hairst was near,
   But lang afore the scythes could start
A sough o' war gaed through the land
   An' stirred it to its benmost heart.
Nae ours the blame, but when it came
   We couldna pass the challenge by,
For credit o' our honest name
   There could be but the ae reply.
      An' buirdly men, fae strath an' glen,
         An' shepherds fae the bucht an' hill,
      Will show them a', whate'er befa',
         Auld Scotland counts for something still.

Half-mast the castle banner droops,
   The Laird's lament was played yestreen,
An' mony a widowed cottar wife
   Is greetin' at her shank aleen.
In Freedom's cause, for ane that fa's,
   We'll glean the glens an' send them three
To clip the reivin' eagle's claws,
   An' drook his feathers i' the sea.
      For gallant loons, in brochs an' toons,
         Are leavin' shop an' yaird an' mill,
      A' keen to show baith friend an' foe
         Auld Scotland counts for something still.

The grim, grey fathers, bent wi' years,
   Come stridin' through the muirland mist,
Wi' beardless lads scarce by wi' school
   But eager as the lave to list.
We've fleshed o' yore the braid claymore
   On mony a bloody field afar,
But ne'er did skirlin' pipes afore
   Cry on sae urgently tae war.
      Gin danger's there, we'll thole our share,
         Gie's but the weapons, we've the will,
      Ayont the main, to prove again
         Auld Scotland counts for something still.

WHA BARES A BLADE FOR SCOTLAND?

Wha bares a blade for Scotland? she's needin' ye sairly noo,
What will ye dae for Scotland for a' she has dane for you?
Think o' the auld-time slogans, the thread runnin' throu' your plaid,
The cairns o' the Covenanters whaur the martyrs' banes are laid;
Ay, the faith o' your godly fathers, is it naething to you the day?
Wha bares a blade for Scotland? noo is the time to say.

Whaur are the bairns she sheltered, the sons she was laith to lose?
When they wandered awa' on the ootwith roads, whaurever their fancy chose;
Are ye crowdin' the tramps an' troopers, beatin' hame wi' your hearts a-throb?
Or speakin' as big as ever,—but nae throwin' up your job?
Ye stand to the toast "Wha's like us?" an' shout as ye answer "Nane,"
Weel, noo is the time to prove it, i' the teeth o' the warl' again.

O ay, ye said ye were sorry when a chiel that ye kent was killed,
But did that gar ye miss your mornin', or speir gin his place was filled?
Ye've read aboot Bruce an' Wallace, an' the fechts that they focht langsyne,
An' mony a tale an' ballad hauds your forbears' deeds in min';
O, they were the lads for Scotland, they stood for her staunch an' true,
But what o' the bairns that's comin', will they say the same o' you?

Ye ken o' your country's story, is this then to end it a'?
Ye are heirs o' her auncient glory, can ye see sic a fate befa'?
Can ye look on her purple heather, her hills an' her howes o' fame,
An' find but a shamefu' tether that keeps ye content at hame?
Gin Death be the price o' Freedom, Death's little eneuch to pay;
Wha bares a blade for Scotland? her back's at the wa' the day.

TO THE HIN'MOST MAN

The mist creeps up roun' the hillside sheilins,
    The snaw lies deep on the distant Bens,
November skies in the wintry Hielans
    Hang dull an' grey ower the lanely glens.
But still I trow fae the clachans yonder
    The peat reek curls to the lift the same;
An' far an' wide tho' our footsteps wander,
    Our hearts still turn to the auld Scots Hame.
      North or South as our Fate may find us,
      East or Wast as our Luck may lan',
      Send but the cry, an' abreist ye bind us—
      Scotland yet!—to the hin'most man.

THE THRAWS O' FATE

Had I been born in auchty instead o' saxty-three,
   Ye wouldna fin' me pu'in' neeps at hame,
But plashin' throu' the boggy haughs in Flanders ower the sea,
   Whaur cairn an' cross still tell oor forebears' fame,
An' layin' on wi' dunt for daud until the foemen flee,
Had I been born in auchty an' nae in saxty-three.

Had Jean ta'en me in ninety instead o' ninety-nine,
   Oor loon would noo be auld eneuch to list,
Gin he was yonner yarkin' on hale-heartit for the Rhine
   I wouldna aye be thinkin' I was miss't.
An' prood an' anxious we would be wi' Donal in the line,
Had I got Jean in ninety instead o' ninety-nine.

Had I been born in saev'nty an' wed in ninety-twa,
   The loon an' me had sodgered wi' the rest,
To houk oor trench an' haud it there the mauger o' them a',
   An' mairch an' chairge as bauldly as the best,
An' Jean would dicht a dowie e'e wi' baith her men awa',
Had I been born in saev'nty an' wed in ninety-twa.

But I was born ower early an' Donal far ower late,
   Sae we maun soss awa' amo' the kye;
I gang nae mair to markets, o' kirk I've tint the gait,
   At smiddy an' at mill I hear the cry
For men, an' here I hing my heid an' ban the thraws o' fate,
That I was born sae early an' Donal cam' sae late.

THE WIFE ON THE WAR

The wifie was thrang wi' the coggin' o' caur,
  An' makin' new cheese an' the yirnin' o't,
But when the guidman loot a wird aboot war
  She fairly got on to the girnin' o't.
"Deil birst them," quo' she, "I would pit them in jyle
  Oonless they gie ower wi' the killin' o't,
We've wantit bear-meal for oor bannocks this fyle,
  There's nane left to leuk to the millin' o't.
An' bide ye, ye'll see, gin this fechtin' hauds on
  The hale quintra side will be ruein' o't,
There's nae teucher ley than oor ain on the Don
  An' fa's gyaun to tackle the plooin' o't?
They chairge noo for preens, an' the merchants mainteen
  That naething but war is the rizzen o't.
Dyod! the nation that winna lat ithers aleen
  Deserves a lang knife in the wizzen o't.
But it blecks me to see fat it maitters to hiz
  Gin Kaiser or Tsar hae the wytin' o't,
Gin the tane tak's a tit at the tither chiel's niz
  Need ye hae a han' at the snytin' o't?
Syne see the fite siller on papers ye spen',
  The time that ye connach at readin' o't,
Wi' specs on, ye hunker for 'oors upon en',
  The wark's left to me an' the speedin' o't."
The aul' man is kittle, he raise on the runt—
  "Ye jaud, wi' your tongue an' the clackin' o't,
Were ye whaur I wish—in a trench at the front—
  Nae German would stamach the takin' o't.
I tell ye, ye besom, oonless 'at oor loons
  Oot yonner can gie them a lickin' o't,
They'll lan' i' their thoosan's an' blaw doon oor toons,
  An' start to the stealin' an' stickin' o't.
Syne, Lord! I can see ye, gyaun doon the neep dreels,
  Wi' barely a steek for the happin' o't,
An' a lang soople sodger that's hard at your heels
  Wi' a dirk i' your ribs for the stappin' o't.

THE WIFE ON THE WAR

They'll nail your twa lugs to the muckle mill door,
    Like a futtrat that's come to the skinnin' o't,
An' thraw your deucks' necks an' mak' broth o' your caur—
    Pit that on your reel for the spinnin' o't."
"Haud, haud," quo' the wifie, "ye're fleggin' us a',
    Come haiste ye, gin that be the meanin' o't,
Rax doon the aul' gun fae the crap o' the wa',
    It's time ye set on to the cleanin' o't—
Ye aye were richt deidly at doos an' at craws,
    An' skeely at Yeel at the sheetin' o't—
Gie me syne the chapper, we'll fell them in raws,
    An' leave them sma' brag o' the meetin' o't.
Gin mornin' was come, seen as ever it's licht,
    Sen' Rob to the sergeant for dreelin' o't,
An' the deemie will start wyvin' mittens the nicht,—
    I've a stockin' mysel' at the heelin' o't.
An' noo jist to cantle oor courage a bit,
    An' haud the hairt stoot in the bodie o't,
Fesh oot the black pig, there's a drap in her yet,
    An' I'll get the teels to mak' toddy o't."

FAE FRANCE

Dear Jock,—Like some aul' cairter's mear I'm foonert i' the feet,
An' oxter-staffs are feckless things fan a' the furth's sae weet,
Sae, till the wee reid-heidit nurse comes roon' to sort my bed,
I'll leave my readin' for a fyle, an' vreet to you instead.

Ye hard the claik hoo Germany gied France the coordy lick,
An' Scotland' preen't her wincey up an' intill't geyan quick—
But fouk wi' better thooms than me can redd the raivell't snorl,
An' tell ye fa begood the ploy that sae upset the worl'.
I ken that I cam' here awa' some aucht days aifter Yeel,
An' never toon nor fee afore has shootit me sae weel;
They gie me maet, an' beets an' claes, wi' fyles an antrin dram—
Come term-time lat them flit 'at likes, *I'm* bidin' faur I am.
Tho' noo an' than, wi' dreepin' sark, we've biggit dykes an' dell't—
That's orra wark; oor daily darg is fechtin' fan we're tell't.
I full my pipe wi' bogie-rowe, an' birze the dottle doon,
Syne snicher, as I crack the spunk, to think hoo things come roon';
There's me, fan but a bairn in cotts, nae big aneuch to herd,
Would seener steek my nieves an' fecht, than dook or ca' my gird,
An' mony a yark an' ruggit lug I got to gar me gree,
But here, oonless I'm layin' on, I'm seldom latten be.

As I grew up an' filled my breeks, fyow market days we saw
But me an' some stoot halflin chiel would swap a skelp or twa;
It's three year by come Can'lemas, as I've gweed cause to min',
That Mains's man an' me fell oot, an' focht about a queyn.
We left the inn an' cuist oor quytes ahin' the village crafts,
An' tho' I barely fell't him twice wi' wallops roon' the chafts,
I had to face the Shirra for't. 'Twas byous hard on me,
For fat wi' lawyers, drinks, an' fine, it took a sax months' fee.
I would a had to sell't my verge, or smoke a raith on tick,
But for the fleein' merchant's cairt, my ferrets an' the bick.
Ay, sang! the Shirra had the gift, an' tongued me up an' doon;
But he's a dummy till his sin, fan han'lin' oor platoon;
Gin's fader saw his birkie noo, an' hard the wye he bans,
He michtna be sae sair on some that fyles comes throu' his han's.
Ae mochie nicht he creepit ben the trench—it's jist a drain—
An' kickit me aneth the quyte an' cursed me braw an' plain—

[76]

FAE FRANCE

"Ye eesless, idle, poachin' hurb, ye're lyin' snorin' there,
An' Germans cryin' to be killed, but deil a hair ye care.
Fatever comes ye're for the lythe, to scrat, an' gant an' drink,
An' dream aboot the raffy days fan ye was i' the clink;
Ye're dubbit to the een, ye slype, ye hinna focht the day,
Come on wi' me' an' see for eence gin ye are worth yer pay."
Man, fan he spak' sae kindly like, fat was there left for me
But jist to answer back as frank, as furth-the-gait an' free—
"Lead on, my Shirra's offisher, gin summons ye've to ser'
Upon thae billies ower the loan, I'll beet ye I'll be there!"
Syne laden wi' a birn o' bombs we slippit throu' the dark,
An' left upo' the barbit weer gey taits o' breek an' sark;
They bummed an' droned some unco tune as we crap up; it raise
Like fae the laft I've hard the quire lift up some paraphrase.
Ae creeshy gurk that led the lave was bessin' lood an' strang,
Fan something hat him i' the kyte that fairly changed his sang;
We henched an' flang, an' killed a curn, an' soosh't them front an' flank,
Like loons that's trued the squeel to stane young puddocks i' the stank.

The rippit spread, the rockets raise; 'twas time for hiz to skice,
An' tho' we joukit as we ran, an' flappit eence or twice,
Ower aft oor pig gaed to the wall, for noo we strack the day—
Oor brow Lieutenant onywye—fan a' in lames it lay;
A bullet bored him throu' the hochs, it took him like a stane,
An' heelster-gowdie doon he cam' an' brak his shackle-bane:
To hyste him up an' on my back nott a' my pith an' skeel,
For aye he bad' me lat him lie, an' cursed me for a feel.
"Ging on an' leave me here, ye gype, an' mak' yer feet yer freen'."
"Na, na," says I; "ye brocht me here, I'm nae gyaun hame my leen."
He's little boukit, ay an' licht, an' I'm baith stoot an swak,
Yet I was pechin' sair aneuch afore I got him back.
They thocht him fairly throu' at first, an' threepit he was deid,
But it was naething but a dwaam, brocht on by loss o' bleed.
'Twas months afore he cower'd fae that, an' he was missed a lot,
For fan ye meet a hearty breet ye're sorry gin he's shot.
His mither sent a letter till's, a great lang blottit screed.
It wasna easy makin't oot, her vreetin's coorse to read;
She speir't could she dae ocht for me, sae I sent back a line—
"Jist bid yer man, fan neist I'm up, ca' canny wi' the fine."

But noo to tell hoo I wan aff fae dreelin', dubs, an' din,
An' landit here wi' nocht to dae but fite the idle pin.
Ae foraneen my neiper chap cried—"Loshtie-goshtie guide's!
The foumarts maun be caul the day, they've startit burnin' wydes."
The reek at first was like ye've seen, fan at the fairmer's biddin',
Some frosty mornin' wi' the graip, the baillie turns the midden.
But it grew thick, an' doon the win' straucht for oor lines it bore,
Till shortly we were pyoch'rin' sair an' fleyed that we would smore;
An' as ye never ken wi' cyaurds faur ye'll be herried neist,
We fixed oor baignets, speel't the trench, and chairged them in a breist.
'Twas than I got the skirp o' shell that nail't me i' the queets,
An' here I'm hirplin' roon' the doors, an' canna thole my beets.
Some nichts fan I've been sleepin' ill, an' stouns gyuan doon my taes,
Aul' times come reamin' throu' my heid, I'm back amo' the braes;
Wi' wirms an' wan' I'm throu' the breem, an' castin' up the burn,
Land aye the tither yallow troot, fae ilka rush an' turn:
I hash the neeps an' full the scull, an' bin' the lowin' nowt,
Lythe in the barn lat oot for rapes, or track a fashious cowt;
I watch the leevers o' the mull swing roon for 'oors an' 'oors,
An' see the paps o' Bennachie stan' up atween the shooers;
Lead fae a roup a reistin' stirk, that's like to brak the branks,
Or hearken to the cottar wives lyaug-lyaugin' ower their shanks;
I join the dancers on the buird schottischin' at the games,
An' scutter in the lang forenichts wi' britchin, bit, an' haims;
Or maybe, cockit on the shaft, fan cairtin' corn or bear,
Cry "Hie" an' "Wo" an' "Weesh" again to guide the steppin' mear.
An' in the daylicht tee, at times, fan lyin' here sae saft,
I've dream't, gin eence the war was by, o' takin' on a craft.
Fan a'thing's settled for the nicht in stable an' in byre,
It's fine to hae yer ain bow-cheer drawn up anent the fire,
An' hear a roch reid-heidit bairn, wi' ferny-tickled nose,
Tired oot an' hungry fae the closs, come yaummerin' for his brose;
An' syne a wife—but, weesht! for here's my nurse, the couthy ted,
Come cryin' I maun dicht my pen, an' hirsle to my bed.
Gweed nicht!—but bide, or I forget; there's jist ae little thing—
Man, could ye sen' me oot a trumpe? I'm weariet for a spring.
For, Jock, ye winna grudge the stamp to cheer a dweeble frien',
An' dinna back it "Sandy" noo, but "Sergeant" Aberdein.

BUNDLE AN' GO

It's "Bundle an' go," an' goodbye to the harrow,
  Fareweel to the reaper, the rake an' the ploo,
I'm throu' wi' the spaad, an' the graip an' the barrow,
  An' naething will ser' me but sodgerin' noo.
          Sodgerin' noo.
  The grieve canna haud me fae sodgerin' noo.

I'm tired o' the stable, its brushin' an bleckin',
  O' feein' an flittin', an' cairtin' my kist,
I'm weariet o' sawin', an' sievin' an' seckin',
  I've seen my last lowsin', I'm leavin' to 'list.
          Leavin' to 'list.
  As soon as I'm suppered I'm leavin' to 'list.

The snaw's lyin' deep by the dyke faur it driftit,
  The Spring fan it comes will be cankert an' weet,
The yokin' half throu' aye afore the mist's liftit,
  There may be a sun but it's seldom we see't.
          Seldom we see't.
  We hear o' the sun but it's seldom we see't.

The lass I was coortin' has mairriet the miller,
  A dusty dour deevil, as bide ye she'll see,
But noo she's awa' it's a savin' o' siller,
  Nae mair she'll get fine readin' sweeties fae me.
          Sweeties fae me.
  The times she got quarters o' sweeties fae me!

I've focht wi' the weather, the wark an' the weemen,
  Till faith I'm in fettle for facin' the foe,
An' waukin' or dreamin' I hear the pipes screamin'
  "Hie, Jock, are ye ready to bundle an' go?"
          Bundle an' go.
  Wha bides whan the pipes bid him "Bundle an' go"?

WHEN WILL THE WAR BE BY?

"This year, neist year, sometime, never,"
  A lanely lass, bringing hame the kye,
  Pu's at a floo'er wi' a weary sigh,
An' laich, laich, she is coontin' ever
"This year, neist year, sometime, never,
  When will the war be by?"

"Weel, wounded, missin', deid,"
  Is there nae news o' oor lads ava?
  Are they hale an' fere that are hine awa'?
A lass raxed oot for the list, to read—
"Weel, wounded, missin', *deid*";
  An' the war was by for twa.

DOCKENS AFORE HIS PEERS

(Exemption tribunal)

Nae sign o' thow yet. Ay, that's me, John Watt o' Dockenhill:
We've had the war throu' han' afore, at markets ower a gill.
O ay, I'll sit, birze ben a bit. Hae, Briggie, pass the snuff;
Ye winna hinner lang wi' me, an' speer a lot o' buff,
For I've to see the saiddler yet, an' Watchie, honest stock,
To gar him sen' his 'prentice up to sort the muckle knock,
Syne cry upo' the banker's wife an' leave some settin' eggs,
An' tell the ferrier o' the quake that's vrang aboot the legs.
It's yafa wedder, Mains, for Mairch, wi' snaw an' frost an' win',
The ploos are roustin' i' the fur, an' a' the wark's ahin'.
Ye've grun yersel's an' ken the tyauve it is to wirk a ferm,
An' a' the fash we've had wi' fouk gyaun aff afore the term;
We've nane to spare for sojerin', that's nae oor wark ava',
We've rents to pey, an' beasts to feed, an' corn to sell an' saw;
Oonless we get the seed in seen, faur will we be for meal?
An' faur will London get the beef they leuk for aye at Yeel?
There's men aneuch in sooters' shops, an' chiels in masons' yards,
An' coonter-loupers, sklaters, vrichts, an' quarrymen, an' cyaurds,
To fill a reg'ment in a week, without gyaun vera far,
Jist shove them in ahin' the pipes, an' tell them that it's "War";
For gin aul' Scotland's at the bit, there's naethin' for't but'list.
Some mayna like it vera sair, but never heed, insist.
Bit, feich, I'm haverin' on like this, an' a' I need's a line
To say there's men that maun be left, an' ye've exemptit mine.
Fat said ye? Fatna fouk hae I enoo' at Dockenhill?
It's just a wastrie o' your time, to rin them throu', but still—
First there's the wife—"Pass her," ye say. Saul! had she been a lass
Ye hadna rappit oot sae quick, young laird, to lat her pass,
That may be hoo ye spak' the streen, fan ye was playin' cairds,
But seein' tenants tak' at times their menners fae their lairds,
I'll tell ye this, for sense an' thrift, for skeel wi' hens an' caur,
Gin ye'd her marrow for a wife, ye wouldna be the waur.

[81]

Oor maiden's neist, ye've herd o' her, new hame fae buirdin' squeel,
Faur she saw mair o' beuks than broth, an' noo she's never weel,
But fan she's playin' ben the hoose, there's little wird o' dwaams,
For she's the rin o' a' the tunes, strathspeys, an' sangs, an' psalms;
O' "Evan" an' "Neander" baith, ye seen can hae aneuch,
But "Hobble Jeanie" gars me loup, an' crack my thooms, an' hooch.
Weel, syne we hae the kitchie deem, that milks an' mak's the maet,
She disna aft haud doon the deese, she's at it ear' an' late,
She cairries seed, an' braks the muck, an' gies a han' to hyow,
An' churns, an' bakes, an' syes the so'ens, an' fyles there's peats to rowe.
An' fan the maiden's frien's cry in, she'll mask a cup o' tay,
An' butter scones, and dicht her face, an' cairry ben the tray,
She's big an' brosy, reid and roch, an' swippert as she's stoot,
Gie her a kilt instead o' cotts, an' thon's the gran' recruit.
There's Francie syne, oor auldest loon, we pat him on for grieve,
An', fegs, we would be in a soss, gin he should up an' leave;
He's eident, an' has lots o' can, an' cheery wi' the men,
An' I'm sae muckle oot aboot wi' markets till atten'.
We've twa chaps syne to wirk the horse, as sweir as sweir can be,
They fussle better than they ploo, they're aul' an' mairret tee,
An' baith hae hooses on the ferm, an' Francie never kens
Foo muckle corn gyangs hame at nicht, to fatten up their hens.
The baillie syne, a peer-hoose geet, nae better than a feel,
He slivvers, an' has sic a mant, an' ae clog-fit as weel;
He's barely sense to muck the byre, an' cairry in the scull,
An' park the kye, an' cogue the caur, an' scutter wi' the bull.
Weel, that's them a'—I didna hear—the laadie i' the gig?
That's Johnnie, he's a littlan jist, for a' he leuks sae big.
Fy na, he isna twenty yet—ay, weel, he's maybe near't;
Ower young to lippen wi' a gun, the crater would be fear't.
He's hardly throu' his squeelin' yet, an' noo we hae a plan
To lat him simmer i' the toon, an' learn to mizzer lan'.
Fat? Gar him 'list! Oor laadie 'list? 'Twould kill his mither, that,
To think o' Johnnie in a trench awa' in fat-ye-ca't;
We would hae sic a miss at hame, gin he was hine awa',
We'd raither lat ye clean the toon o' ony ither twa;
Ay, tak' the wife, the dother, deem, the baillie wi' the mant,
Tak' Francie, an' the mairret men, but John we canna want.

Fat does he dee? Ye micht as weel speir fat I dee mysel',
The things he hisna time to dee is easier to tell;
He dells the yard, an' wi' the scythe cuts tansies on the brae,
An' fan a ruck gyangs throu' the mull, he's thrang at wispin' strae,
He sits aside me at the mart, an' fan a feeder's sell't
Tak's doon the wecht, an' leuks the beuk for fat it's worth fan fell't;
He helps me to redd up the dask, he tak's a han' at loo,
An' sorts the shalt, an' yokes the gig, an' drives me fan I'm fou.
Hoot, Mains, hae mind, I'm doon for you some sma' thing wi' the bank;
Aul' Larickleys, I saw you throu', an' this is a' my thank;
An' Gutteryloan, that time ye broke, to Dockenhill ye cam'—
"Total exemption." Thank ye, sirs. Fat say ye till a dram?

AT THE LOANIN' MOU'

The tears were drappin' fae baith her een,
When I was sayin' "Goodbye" the streen,
An' we baith were wae as we weel micht be,
The wife at the mou' o' the loan an' me.

Yet what could I do at a time like this
But lift her chin for a pairtin' kiss,
An' leave her to look to the bairns an' kye,
An' warsle her lane till the war was by?

Wi' the country cryin' for mair to come,
What man could bide at the lug o' the lum,
Or sleep upon feathers or caff for shame
To think he was lyin' sae saft at hame?

What scaith may come man canna forsee,
But naething waur can a mortal dree
Than leavin' a wife at a time like noo,
Greetin' her lane at the loanin' mou'.

LAT'S HEAR THE PIPES

Lat's hear the pipes. When Daavit soothed the king
An' thoomed the harp, an' flang aside the sling,
   Baith Saul an' Psalmist had come better speed
   Wi' some brisk port upo' the chanter reed,—
The lad's brogue beatin' to the dirlin' spring.

A mither's diddlin' till her bairn can bring
The sleep that flees fae fussle, trumpe or string,
   But gin ye'd heeze the hert, an' stir the bleed,
        Lat's hear the pipes.

Nae liltin' lasses gar the gloamin's ring,
Auld men an' frail maun face the furth's onding
   At scythe an' ploo, for mony a lad lies deid
   Whaur nae Scots divot kindly haps his heid.
In dowie days, when few hae hert to sing,
        Lat's hear the pipes.

HAIRRY HEARS FAE HAME

The aul' man starts, gey grumlie as ye see,
  Syne the gweed-wife tak's haud an' cairries on,
Mary, the neiper lass, pits something tee,
  An' last comes Sandy—he's a nickum thon.

The Aul' Man

There's naething new, excep' that ye're awa';
  Fae year to year it's aye the same aul' thing,
Up to the gartens twa-three month in snaw,
  Syne rivin' win's that tirr the byres in Spring;
A caul' coorse Simmer, only gweed for girse,
  An' Hairst is on ye or ye hardly ken;
Rent day an' reekin' rucks set up your birss,
  An' there ye are amo' the snaw again.

Roon' rowes the sizzens, Life rowes roon' the same;
  A bairn is born, is spean't an' into breeks,
Wydes throu' the carritches, an' leavin' hame
  Fees, an' afore his feerin's straucht, he seeks
A cottar hoose to haud as daft a queyn;
  He dargs an' stairves; a hoast brings on the en',
An' comin' fae the fun'ral some day syne,
  Ye hear the howdie's on the go again.

The Gweed-wife

Ye ken your father, never heed him, Hairry,
  He vreets like that to hod his kindly hert;
Fan he was cairryin' on the nicht wi' Mary,
  It micht hae been yoursel', for a' the airt.
He sat an' dried his nepkin there an' jokit,
  An' aye as gweed's he gied she gar't him tak',
But, fegs, she got the reid face fan he yokit
  To speer aboot her plans fan ye cam' back.

An' ilka day afore he tak's his denner,
  He's doon the closs to see if Postie's come,
An' brawly we can tell ye fae his menner
  Foo things are gyaun atween the sea an' Somme.
Upo' the bed-lids i' the ben, wi' batter
  He's stucken maps, a' jobbit ower wi' flags,
An' gin the Gordons gar the Germans scatter,
    Ye'd think he'd deen't himsel', the wye he brags.

MARY THE LASS

My sodger laad, set on till't by your mither,
  I'm eekin' oot her letter wi' a line,
Till Sandy's free to see me throu' the heather,—
  He's never sweer to convoy "Hairry's queyn."
Your father's creepin' doon, but aye keeps cheery,
  An' tyauves awa', fae mornin' on till mirk;
Lang-lies are nae for him, hooever weary,
    Nae winner fyles he's gantin' i' the kirk.

Your mither wyves, to haud her aff the thinkin',
  The sheath is seldom frae her apron string,
But shank's ye like, it's nae like men wi' drinkin',
  It disna ease the hert nor sorrow ding.
There's only ae thing ilka day that maitters,
  An' that's gin ony news has come fae you;
An', O my laad, there's bits fyles in your letters
    I'd gie a lot to get by wird o' mou'.

SANDY—A NICKUM THON

Hairry, ye beggar, fegs an' ye're the buckie,
  Bidin' awa' sae lang,—but ach! we ken
The aul'est sons are aye the anes that's lucky,
  They aye come first, an' get the far'est ben.
Here's me, that's cairryin' on the ferm an' wirkin',
  An' a' I get for that's my claes an' kail,
While ye're oot there, jist sheetin' guns an' dirkin',
    An' riftin' ower your raffy beef an' ale.

HAIRRY HEARS FAE HAME

Come hame, min; sattle doon an' mairry Mary,—
 Oonless ye're lair't in some saft bog in France;
We hear ye're pushin' on, but are ye, Hairry?
 It's time they gied hiz younger chaps a chance.
At onyrate, to shame the coordy footers
 That winna 'list, fooever great the need,
Sen' something hame, to show them at the sooter's,—
 A weel-cloured German helmet or a heid.

FURTH AGAIN

Ye're hardly hame till furth again
 It's buckle the brogues an' fare
To the wearimost ends o' the earth again,
 An' the wark that is waitin' there.
Ye are keen to gang, but it's lane an' lang
 Lies ever the ootwith track,
An' it's guid to mind there are frien's behind
 Aye wishin' ye weel,—an' back.

In The Country Places

In the highlands, in the country places,
Where the old plain men have rosy faces,
And the young fair maidens
Quiet eyes.

RLS

To G W S W and I W

IT WASNA HIS WYTE

It wasna his wyte he was beddit sae late
    An' him wi' sae muckle to dee,
He'd the rabbits to feed an' the fulpie to kame
    An' the hens to hish into the ree;
The mason's mear syne he set up in the closs
    An' coupit the ladle fu' keen,
An' roon' the ruck foun's wi' the lave o' the loons
    Played "Takie" by licht o' the meen.
Syne he rypit his pooches an' coontit his bools,
    The reid-cheekit pitcher an' a',
Took the yirlin's fower eggs fae his bonnet, an', fegs,
    When gorbell't they're fykie to blaw;
But furth cam' his mither an' cried on him in,
    Tho' sairly he priggit to wait—
"The'll be nae wird o' this in the mornin', my laad"—
    But it wasna his wyte he was late.

"Och hey!" an' "Och hum!" he was raxin' himsel'
    An' rubbin' his een when he raise,
"An' faur was his bonnet an' faur was his beets
    An' fa had been touchin' his claes?
Ach! his porritch was caul', they'd forgotten the saut,
    There was ower muckle meal on the tap.
Was this a' the buttermilk, faur was his speen,
    An' fa had been bitin' his bap?"
His pints wasna tied, an' the backs o' his lugs
    Nott some sma' attention as weel—
But it wasna as gin it was Sabbath, ye ken,
    An' onything does for the squeel.
Wi' his piece in his pooch he got roadit at last,
    Wi' his beuks an' his skaalie an' sklate,
Gin the wag-at-the-wa' in the kitchie was slaw—
    Weel, it wasna his wyte he was late.

IT WASNA HIS WYTE

The fite-fuskered cat wi' her tail in the air
   Convoyed him as far as the barn,
Syne, munchin' his piece, he set aff by his leen,
   Tho' nae very willin', I'se warn'.
The cairt road was dubby, the track throu' the wid
   Altho' maybe langer was best,
But when loupin' the dyke a steen-chackert flew oot,
   An' he huntit a fyle for her nest.
Syne he cloddit wi' yowies a squirrel he saw
   Teetin' roon fae the back o' a tree,
An' jinkit the "Gamie," oot teeming his girns—
   A ragie aul' billie was he.
A' this was a hinner; an' up the moss side
   He ran noo at siccan a rate
That he fell i' the heather an' barkit his shins,
   Sae it wasna his wyte he was late.

Astride on a win'-casten larick he sat
   An' pykit for rosit to chaw,
Till a pairtrick, sair frichtened, ran trailin' a wing
   Fae her cheepers to tryst him awa'.
He cried on the dryster when passin' the mull,
   Got a lunt o' his pipe an' a news,
An' his oxter pooch managed wi' shillans to full—
   A treat to tak' hame till his doos.
Syne he waded the lade an' crap under the brig
   To hear the gigs thunner abeen,
An' a rotten plumped in an' gaed sweemin' awa'
   Afore he could gaither a steen.
He hovered to herrie a foggie bees' byke
   Nae far fae the mole-catcher's gate,
An' the squeel it was in or he'd coontit his stangs—
   But it wasna his wyte he was late.

IT WASNA HIS WYTE

He tried on his taes to creep ben till his seat,
  But the snuffy aul' Dominie saw,
Sneckit there in his dask like a wyver that waits
  For a flee in his wob on the wa';
He tell't o' his tum'le, but fat was the eese
  Wi' the mannie in sic an ill teen,
An' fat was a wap wi' a spainyie or tag
  To hands that were hard as a steen?
Noo, gin he had grutten, it's brawly he kent
  Foo croose a' the lassies would craw,
For the mornin' afore he had scattered their lames,
  An' dung doon their hoosies an' a'.
Wi' a gully to hooie tho', soon he got ower
  The wye he'd been han'led by fate,
It was coorse still an' on to be walloped like thon,
  When it wasna his wyte he was late.

It's thirty year, said ye, it's forty an' mair,
  Sin' last we were licket at squeel;
The Dominie's deid, an' forgotten for lang,
  An' a' oor buik learnin' as weel.
The size o' a park—wi' the gushets left oot—
  We'll guess geyan near, I daur say;
Or the wecht o' a stot, but we wouldna gyang far
  Gin we tried noo the coontin' in "Gray."
"Effectual Callin' " we canna rin throu'
  Wha kent it aince clear as the text,
We can say "Man's Chief En' " an' the shorter "Commands,"
  But fat was the "Reasons Annexed"?
Oor heads micht be riddels for a' they haud in
  O Catechis, coontin' or date,
Yet I'll wauger we min' on the mornin's lang syne
  When it wasna oor wyte we were late.

A CHEERY GUID-NICHT

Noo I've sattled the score, an' the gig's at the door,
  An' the shaltie is kittle to ca',
Aye the langer we sit we're the sweirer to flit,
  Sae it's time to be wearin' awa'.
A douce eller like me, an example maun be,
  An' it wouldna be seemly ava'
Stottin' hame in day-licht, an' jist think o' the sicht
  Supposin' we happened to fa'.
Ye're weel-slockened noo, an' afore ye get fou
  Be guided by me an' say "Na";
By my tongue ye can tell I've had plenty mysel',
  Sae a cheery guid-nicht to you a'.

    A cheery guid-nicht, ay, a cheery guid-nicht,
      A cheery guid-nicht to you a',
    By my sang ye can tell I've had plenty mysel',
      Sae a cheery guid-nicht to you a'.

Rowe graavits weel roon', an' your bonnets rug doon,
  Syne set the door wide to the wa',
An' the gig that's in front is the safest to mount,
  Gin the dram gars you trow there is twa.
O it's little we care gin the furth it be fair,
  Or mochie or makin' for snaw,
Gin it's frosty an' clear we can lippen the mear,
  Gin it's dubby the safter the fa'.
Noo roadit for hame there's some I could name
  Nae freely sae croose i' the craw,
For they've wives like mysel' an' the lees we maun tell
  Blauds the tail o' a nicht for us a'.

    It blauds a guid nicht, ay, it blauds a guid nicht,
      When the wives winna swallow them a',
    Tho' for peace ye may tell a bit lee like mysel',
      Here's a hindmost guid-health to them a'.

SPRING

Spring at last comes blawin' in,
  Sandy's rankin' oot his wan'.
Lowse the kye an' lat them rin!
Spring at last comes blawin' in,
See the yallow on the whin,
  Pu' yon raggit-robin, man.
Spring at last comes blawin' in,
  Sandy's rankin' oot his wan'.

WINTER

Noo that cauldrife Winter's here
   There's a pig in ilka bed,
Kindlin's scarce an' coals is dear;
Noo that cauldrife Winter's here
Doddy mittens we maun wear,
   Butter skites an' winna spread;
Noo that cauldrife Winter's here
   There's a pig in ilka bed.

STILL, MAN, STILL

He's nae to ride the water on,
   For fear he coup the creel;
He's never mowse to meddle wi',
   I ken't ower weel;
He's aften deen a neiper doon
   That never did him ill,
He may get grey but never gweed,—
   An' still, man, still,

I've kent him lift anither's birn
   When better men were laith,
An' wi' a nicht-boun' beggar share
   Biel an' brose baith.
When stirks were doon an' rents were due
   I've kent him back a bill
That kept a peer man in his craft,—
   But still, man, still,

I dinna doot the story's true,
   Ae Sabbath he was heard
Gyaun whustlin' doon the larick belt
   Like some roch caird;
He's never ta'en a token yet—
   Suspicious an ye will
Whaur a' gang forrit aince a year,—
   An' still, man, still,

Nae winter but a starvin' wife
   Comes for the bow o' meal,
His onwal wauger laid an' won
   At some bonspiel;
To bleeze the burn an' spear a fish
   There's few that hae his skill,
An' nane like him can busk a heuck,—
   But still, man, still,

STILL, MAN, STILL

Nicht after nicht till a' the oors
   At catch-the-ten he'll sit,
At singin' orra strouds o' sangs
   There's few mair fit.
I've heard him fae the laird himsel'
   Refuse an offered gill,
Nae honest man but tak's his dram,—
   An' still, man, still,

When ye uphaud or I misca'
   There's aye the tither side,
An' whiles the very best o' us
   Would some things hide;
We're maistly a' a mixture, man,
   Like pasture on the hill,
Whaur tufts o' girse an' scrogs o' breem
   Raise stoot tups still.

GIN I WAS GOD

Gin I was God, sittin' up there abeen,
Weariet nae doot noo a' my darg was deen,
Deaved wi' the harps an' hymns oonendin' ringin',
Tired o' the flockin' angels hairse wi' singin',
To some clood-edge I'd daunder furth an', feth,
Look ower an' watch hoo things were gyaun aneth.
Syne, gin I saw hoo men I'd made mysel'
Had startit in to pooshan, sheet an' fell,
To reive an' rape, an' fairly mak' a hell
O' my braw birlin' Earth,—a hale week's wark—
I'd cast my coat again, rowe up my sark,
An', or they'd time to lench a second ark,
Tak' back my word an' sen' anither spate,
Droon oot the hale hypothec, dicht the sklate,
Own my mistak', an', aince I'd cleared the brod,
Start a'thing ower again, gin I was God.

THE HILLS AN' HER

By nicht, by day, my dream's the same
The warl' at peace an' me at hame,
Awa' fae danger, din an' stir,
Back to the quiet hills an' Her.
Her an' the hills, wi' me to share,
An' Heaven itsel' micht weel be there.

A bower o' birks,—O happy dream!—
A wee hoose happit ower wi' breem,
A window to the Wast, a neuk
Weel-cushioned by the fire, a beuk
O' sangs—the sangs I canna sing,
For aye as throu' my hairt they ring
I lift my heid, an' lose the line,
To meet the een that's waitin' mine.

A gairden sweet wi' bud an' bell,
A windin' path, a mossy well
That starts a burn that tumbles on
To sink saft-oxtered safe in Don.
A scuff o' rain, a whirrin' reel,
An' lang or dark a heapit creel:—
Wi' routh o' flies an' souple wan'
What fisher ever envied man?
An' caller trout, what better dish
Could ony couthie couple wish?

Weel-bunkered links, a partner keen,
A putt for't on the hin'most green:—
Ay, but it's fine hoo dreams contrive
To gie guid golfers back their drive,
Put doon new ba's at ilka tee,
An' gobble Bogey fives in three.
Throu' mavis-haunted plantins then
While gloamin' steals oot ower the glen,
An' leanin' on the gate I see
The sweet-eyed lass that looks for me.

What's left o' life, thus, there I'd pass.
I dreamt the place, I ken the lass.

IN LYTHE STRATHDON

Seldom a simmer passed but him an' me
   Amang the hills had some fine cheery days,
   Up Nochtyside or throu' the Cabrach braes,
Doon the Lord's Throat, an' ootower Bennachie;
There wasna mony bare hill-heads onkent to him an' me.

Never nae mair. I wander noo my leen,
   An' he's been beddit lang in far Peronne;
   Here, whaur his forbears lie in lythe Strathdon,
I lay the stag-moss that I pu'ed yestreen—
Laurels fae Lonach, where I range oor auld hill tracks my leen.

HORACE, Car. 1, 34

Parcus deorum

I hadna crossed the Aul' Kirk door for mony a year an' day;
Quo' I, "When a'thing's fore-ordained it's little eese to pray";
But noo when Sunday mornin' comes I hearken for the bell,
An' few set oot in runkled blacks mair eager than mysel'.

For God Almichty in the past micht fyles forget his ain
When craps were connached noo an' than wi' weet or want o' rain;
But, Sirs! o' late, while hoastin' men are warslin' wi' the flu,
Frail wives in soakit shawls an' sheen are stervin' i' the queue.

An' ower the sea it's waur than that. The Marne is rinnin' reid,
The lang canals an' saughy burns are dammed wi' German deid;
An' bonny Wipers, braw Louvain, an' France's fairest touns,
Cathedrals, hospitals an' a' are levelled to the founs.

But noo the Kaiser an' his Kings are skirtin' fae the lan';
They seen got youkie roon the chouks when God put tee a han';
An' Fortune like an aeroplane comes loopin' doon the blue,
An' kills a Czar to place in pooer some raggit Russian Jew.

HORACE, Car. 1, 9

Vides ut alta stet nive candidum Soracte

Drift oxter-deep haps Bennachie,
Aneth its birn graens ilka tree,
The frost-boun' burn nae mair is free
 To bicker by.

Haud on the peats an' fleg the cauld,
An' ere the hoast gets siccar hauld
Yon luggit pig o' fower year auld
 Sall first gang dry.

On Providence oor cares we'll cast,
The power that stirs will lay the blast
When larch an' rodden firm an' fast
 Will stand ance mair.

Whatever comes we'll grip the day,
It's oors to drink an' dance an' play,
The morn can bring us what it may,
 Grey heads or sair.

Let gloamin' find us wooers still
True to oor trysts by haugh or hill,
The lassie's lauch will guide you till
 She's catch'd an' kiss't.

Syne thieve her brooch or slip wi' care
The ribbon fae her touzled hair,
Half-heartit struggles but declare
 She'll never miss't.

"THE GLEN IS MINE!"

"The Glen is mine!" "The Glen is mine!" I hear the piper vaunting,
 I see the streaming tartan as he wheels upon the green,
And with the trippling of the tune old memories come haunting,
 But never can the Glen be mine as once it might have been.

O long-lost Youth, how clearly once that braggart spring you fingered,
 How sure the chanter's promise then,—sweet reeds now ever dumb;
The careless days, the merry nights when still you piped and lingered,
 Nor heard the broad insistent road that ever whispered "Come."

O years misspent, O wasted years, in clachans of the stranger,
 Where gold alone was spoken of, and what red gold could buy,
And now the envied treasure's won, forgot the toil and danger,
 And all the country-side is mine as far as meets the eye.

The farms are mine, the moors are mine, the mountains and the waters,
 The castle and the little crofts, the cattle on the brae;
But where the dark-haired sons of mine, the fair, the blue-eyed daughters?
 For all I own I wander lone a childless chief the day.

If she were here, if she were here, the stranger maid I'm minding,
 The little maid I weary for, the maid I'm loving still,
Then all that with my youth I lost, again I would be finding,
 And I'd be rich if she were mine, tho' herding on the hill.

For what is fame, an ancient name, broad haughs of corn, or money?
 I'd give them all for youth again, to wed a Southron bride,
If I could share a plaid with her, and girdle cakes and honey,
 Not only would the Glen be mine but all the world beside.

"The Glen is mine!" Dear love that was, I hear you in the vaunting,
 I see you on the mountains, and I meet you on the moors,
When gloaming comes, each cave and crag, each field and stream
  you're haunting.
 Heath, haugh and pine, they may be mine; the Glen, the Glen is yours!

THE THREE CRAWS

The fusslin' halflin's hingin' in an' tittin' at the reyns
To gar the stot straucht up the theats mair aiven wi' the mear;—
He winna scutter lang at hame wi' beasts an' brose an' queyns,
He lifts his kist for Canada gin Whitsunday was here.

Three weary craws are croakin' on the larick by the style,
An' dichtin', till the win' gings doon, their nibs upo' their taes,
They hinna had their craps sae fu' o' barley for a fyle,
For they've been happin' hard ahin' the harrow noo for days.

Quo' the ae black craw, "Faith it's time we wan awa',
The grieve is wearin' doon the dyke afore it's time to lowse."
Says the tither black craw, "Ay we'll better no be slaw,
Or we'll never see oor gorbels,—wi' a gun he isna mowse."

But the third craw leuch, he was young an' young aneuch:
"Ye are twa silly deevils, easy chaetit, easy fleyed,
That's bokie weel-a-wat, an' a peer attemp' at that,
Your ringel e'en were bleared afore, but noo they're gettin' gleyed."

Syne they argued for a bit, but the birkie wadna flit,
He was young an' he was clever, Heely, heely, they would see;
Wi' his din they didna hear till the grieve cam' creepin' near
An' banged wi' baith his barrels at the bourach on the tree.

But the earock sailed awa', nae a feather touched ava',
Left his twa mislippened neepers lyin' kickin' fu' o' leed.
An' he gied a lood guffaw, "They were richt than efter a';
They were aul' an' they were wily, but it's them 'at noo are deid."

Some threep the moral's this, "Ye'll ging never sair amiss
Gin ye hearken wi' a ready lug when aulder fouks advise."
But it is, I think mysel', "Noo an' than tho' lear may tell,
It's better to be lucky aye, than sometimes to be wise."

[107]

THE BRAW LASS

The lassie was braw, O the lassie was braw,
Wi' rings an' wi' brooches an' bracelets an' a',
An' chains hingin' doon like a wag-at-the-wa'.
                    O wasna she braw?
Her frock was o' silk, ay an' braidit at that,
Wi' fur an' wi' feathers she buskit her hat,
Yet unco sma' comfort they brocht her awat
As ilka lang gloamin' sae lanely she sat,
                    Nae lads cam' to ca'.

She gabbit in German, but whaur was the need?
In Buchan braid Scots comes a hantle mair speed:
She paintit fine pictures, but catch her black-leed
                    The swye or the pat.
On Sundays she sang like a lark in the choir,
But seldom she blaudit her sheen in the byre,
An' tho' sampler like hers wasna seen in the shire,
When it cam' to clout moleskins at nicht by the fire
                    Her mither did that.

The lassie grew weary, the lassie grew sad,
It's hard to be bonnie an' no hae a lad,
An' a wee sharger collie was a' that she had
                    To cuddle at e'en.
For music an' beuks are baith weel in their wye,
But a lass in the glen maun hae something forbye,
Some luck wi' the chuckens an' skeel amo' kye,
Or in spite o' her learnin' she's likely to lie
                    A lifetime her leen.

She wearied a' winter, but jist afore Pase
The gowkit fee'd 'oman when teemin' the aise
Cam' clyte in the midden—a bonnie like place—
                    An' twisted a queet;
Wark had to gang on, sae the lass buckled to,
She lowsed for the mill an' she trampit the soo,
There was little to strip when she milkit a coo,
An' sirs! sic a bakin's the queynie put thro'—
                    Her scones were a treat.

THE BRAW LASS

She hadna her marra at chessel or churn,
Nae washin' like hers ever bleached by the burn,
Fae seed time to shearin' she aye took her turn,
   An' blythe as a bird.
The snod spottit vrapper an' wincey she wore
Jist gied her the glamour she wanted afore;
An' lang ere we'd clyack she'd wooers galore,
In gigs by the dizzen, on shalts by the score,
   A' waitin' her wird.

A towmond come Tyseday the lassie's been wad,
An' wha would jaloose that she'd ever been sad?
While lucky, I'se warran', he thinks him, the lad
   That won her awa'.
The cradle's been rockin' a fortnicht, an' noo
When gloomin' has set "Himsel'" free fae the ploo,
She shanks by his side an' sings "Hushie-ba-loo,"
As happy's the kittlin that plays wi' her clew.
   Gweed's better than braw.

THE IMMORTAL MEMORY

GREENOCK BURNS CLUB, 1913

Auld Scotia, since that Janwar' win'
Rare hansel on your bard blew in—
Tho' mony a wintry blast has frayed
The fringes o' your tartan plaid—
Your sons hae borne your banner far,
Still first in peace, no' last in war,
Till noo in mony a distant land
The march-stanes o' your kingdom stand.
Yet aye the ranger's heart's the same,
An' dunts in tune wi' oors at hame,
Bound fast in spite o' land an' sea
By "Burns' Immortal Memory."

HERACLITUS

They taul' me, Heraclitus, that ye had worn awa':
I grat to mind hoo aft we ca'd the crack atween the twa
Until the heark'nin' sun gaed doon news-weary i' the Wast:
An' noo for lang ye're in the mools, whaur a' maun lie at last.
Still, still they pipe your mavises, though sair the Makkar's miss't,
For Death that coffins a' the lave your sangs can never kist.

THO' I BE AUL'

Ye needna think tho' I be aul',
  An' a' my bonnet haps is grey,
My heart is gizzen, crined or caul'
  An' never kens a dirl the day.

A bonny lass can stir me still
  As deep's her mither did when young,
An' aul' Scots sang my saul can fill
  As fu's when first I heard it sung.

Gin throu' the muir ahin' the dogs
  I dinna lift my feet sae clean
As swacker lads that loup the bogs,
  I'll wear them doon afore we're deen.

I ken some differ wi' the dram,
  Ae mutchkin starts me singin' noo,
But winds are tempered to the lamb,
  An' I get a' the cheaper fu'.

An open lug, a gyangin' fit,
  Altho' they've never filled my kist,
Hae brocht me wisdom whiles an' wit
  Worth mair than a' the siller miss't.

An', faith, the ferlies I hae seen,
  The ploys I've shared an' daurna tell
Cheer mony a lanely winter's e'en,
  Just kecklin' ower them to mysel'.

There's some hae looks, there's mair hae claes,
  That's but the brods, the beuk's the thing,
The heart that keeps for dreary days
  Some weel-remembered merry spring.

Then ca' me fey or ca' me feel,
  Clean daft or doitit, deil may care,
Aye faur there's fun, at Pase or Yeel,
  Gin I be livin' I'll be there.

[112]

"AIBERDEEN AWA'!"

(To the Aberdeen University Club of South Africa)

O sair forfochen here wi' heat
I weary for the wind an' weet
An' drivin' drift in Union Street
      Fae th' Duke to Baubie Law.
Then mak' my bed in Aiberdeen
An' tak' me back; I'll no compleen
Tho' a' my life I lie my leen
      In Aiberdeen awa'.

I fain would dook in Dee aince mair
An' clatter doon the Market stair,
—O the caller dilse an' partans there!
      The fish-wives' mutches braw!
Neth Marischal's spire or King's auld croon,
In hodden grey or scarlet goon,
For future fechts we laid the foun'
      In Aiberdeen awa'.

In mony an unco airt I've been,
An' mony a gallant city seen,
Yet here the nicht we'll drink to een
      Can vaunt it ower them a'.
They say! They say! Fat say they than?
Weel, jist e'en lat them say, my man.
While, clean caup oot an' hand in han',
      Here's "Aiberdeen Awa'!"

WHEN LOVE FLEW IN

Unsocht, unseen, when Love flew in
   An' landit there on Leebie's lap,
Wha could believe the bairn was blin',
   His choice but just a lucky hap?

Syne tho' we ran to steek the door
   An' clip his wings, wee, wand'rin' waif,
We'd seen furhooied maids afore,
   An' wondered gin she had him safe.

Sae lest the little lass think lang,
   Herdin' him ilka nicht her leen,
Till life be by we've thirled to gang—
   Leebie an' me wi' Love between.

LOVE AND LAUGHTER

I rowed a lassie i' my plaid,
　A cosy bield in weety weather,
An' aye she kissed me back an' said
　"It's fine to love an' lauch thegether."

O kind, sae kind, was she yestreen,
　But lassies' hearts are ill to tether,
An' here I herd the yowes my leen,
　Flung weary on the drookit heather.

Happy an' happit, Heaven above
　Let her be that, I'll thole the weather;
Gie her the laughter, me the love,
　Gin ne'er again the twa thegether.

ISIE

Isie, my lass, when ye gyang to the byre at nicht,
  Wi' the lucky cogue that cuddles aneth your airm,
In well-filled wrapper an' goon preened back sae ticht,
  There never was yet your marrow aboot the fairm.

An' syne when the milkin's by, an' the fire-hoose clean,
  An' ye daunder oot for a breath o' the gloamin' air,
Ye dinna get far throu' the stibble or ley your leen,
  The laads are loupin' the dykes to kepp you there.

The horsemen are hingin' about to see you pass,
  The baillie's hairt is duntin' aneth his sark,
The yowes are left to wander at will, my lass,
  There's that aboot *you* that disna gyang weel wi' wark.

The herd may lauch at the laads wi' their lowin' een,
  But ye'll seen hae him i' the branks wi' the lave, awat,
Ye gied him a kiss to kitchie his piece the streen,
  An' wersh is his mornin' brose when he thinks o' that.

The orra man's auld, an' he creeps to the stable laft
  An' a cauld caff bed, but we ken wha he's thinkin' on,
Lowsin' his beets in the dark, when he's whisperin' saft
  "The nichts are short gin ye dream o' a lass like yon."

It hurts me whiles when I think ye've had laads afore,
  But ye winna forget, my lass, what ye've promised noo,
An' ye'll be there wi' your kist at the open door
  When I come doon wi' the cairt at the term for you.

THE GOLDEN AGE

I'll leave you the lasses that's still i' their teens,
   Lang-haired an' reid-cheekit, short-coatit an' a',
An' maids i' the twenties, tho' cuddlesome queans,—
   They've mair skeel o' kissing at thirty-an'-twa.

At forty an 'oman is easy to please,
   Jist shoggle the tree an' she's ready to fa',
Her sense or her smeddum you're welcome to reeze,—
   The age for an oxter is thirty-an'-twa.

There's runts syne o' fifty, o' saxty an' mair,
   Would hooie their sauls for a kiss an' a clap,
But tho' they've the nowt, an' the notes may be there,
   Nae siller mak's up for a shortage o' sap.

Aul' berries are bitter, young grozarts are green,
   But mid-wye they're ripe an' the sweetest o' a';
To kittle, to coort, for a wife or a frien',
   Gie me the dear deemie that's thirty-an'-twa.

AY, FEGS

Ay, fegs, an' fat dae ye think o' my legs?
   Ye hinna seen me i' my sodger's kilt for weeks,
For aye as I'm mairchin' by, some limmer is sure to cry
   "Wi' shanks like that ye'd better hae stuck to breeks."
      Na, fegs, they needna lauch at my legs,
         For mony a weary fecht they've brocht me through;
      Ay, fegs, gin't hadna been for my legs
         O I would be a cauld corp noo.

Ay, fegs, when the sergeant saw my legs
   He was handin' ower the shillin' afore he spoke,
He kent brawly fat ye need to wyde amo' fire an' bleed,
   Sae he clappit me on the shou'der an' ca'd me "Jock."
      Na, fegs, he didna lauch at my legs,
         He kent the weary fechts they'd bring me through;
      Ay, fegs, gin't hadna been for my legs
         O I would be a cauld corp noo.

Eh, man, sic a terrible day was thon,
   The bullets an' ba's were fleein' aboot like snaw;
"Strike oot," they cried, "for hame," but the feck o' the lave was lame,
   An' I got there twa days afore them a'.
      Ay, fegs, sic a handy thing is your legs,
         An' mony a weary fecht they bring you through;
      Na, fegs, gin't hadna been for my legs
         O I would be a cauld corp noo.

Ay, fegs, when a cannon ba' grazed my legs
   It mindit me upon something I'd forgot,
My auld mither ower the sea, sittin' wearyin' sair for me,
   For wha would dibble her kail gin I was shot?
      Ay, fegs, she aye admired my legs,
         An' here I'm back i' the Cabrach wi' the coo;
      Na, fegs, gin't hadna been for my legs
         O I would be a cauld corp noo.

A' IN A BREIST

At it, a' at it, a' aye at it,
    A' in a breist like the wife's ae coo,
Naething can lick ye oonless ye lat it,
    Aff wi' your coat than an' intill't noo.
When ye aince start in ye maun never quat it,
Tho' your houghs are sair an' your han's are scrattit
    Dinna pit aff speirin' "Faur?" or "Foo?"
Or coontin' the yarks when ye hardly hat it;
Tho' your thrapple's dry dinna wait to wat it,
    The drink will bide till the wark's a' through:
Ye can tell come nicht hoo ye pech't an' swattit,
    But doon wi' your heid, man, an' intill't noo.
An' at it, a' at it, a' aye at it,
    A' in a breist like the wife's ae coo.

YOKIN' THE MEAR

The wife has her notions, she greets like a bairn
    To think 'at we're sinners an' like to be lost;
The state o' my sowl is her daily concairn,
    When a' I need's something to sattle my hoast.

She hankers for heaven, I'm canty doon here,
    A snod thackit steadin' wi' nowt in the byre,
An' a market on Tysedays for me an' the mear,
    Fat mair could a simple aul' fairmer desire?

She blaws aboot mansions up there in the sky,
    But chaps me a deese in a but-an'-a-ben,
An' when there's a meen, a bit daunder doonby
    To crack ower a dram amo' fouk 'at I ken.

'Twould only be waste pittin' wings upo' me,
    Sae short i' the breath an' sae brosy an' big,
For tho' I could reest I'm ower heavy to flee,
    The wife can hae feathers, but I'm for a gig.

A grace to the kail, an' the readin' at nicht,
    Wi', or I gang forrit, a preachin' or twa,
I'll lippen to that when some gloamin' the vricht
    Screws doon the kist lid an' I'm throu' wi' it a'.

Lat her be translatit, but leave me my leen
    Wi' plooin' an' sawin' to scutter on here,
I'll ken 'at she's happy herp-herpin' abeen,
    An' fussle content when I'm yokin' the mear.

THE TINKLER

Gin I was a sturdy tinkler
  Trampin' lang roads an' wide,
An' ye was a beggar hizzie
  Cadgin' the country side;

The meal bags a' your fortune,
  A jinglin' wallet mine,
I wouldna swap for a kingdom
  Ae blink o' my raggit queyn.

The gowd that hings at your lugs, lass,
  I would hammer it for a ring,
Syne Hey for a tinklers' waddin'
  An' the lythe dyke-sides o' Spring.

O whiles we would tak' the toll-road
  An' lauch at the Norlan' win',
An' whiles we would try the lown roads,
  An' the wee hill-tracks that rin.

Whaur the blue peat reek is curlin'
  An' the mavis whussles rare,
We'd follow the airt we fancied
  Wi' nane that we kent to care.

An' ye would get the white siller
  Spaein' the lasses' han's,
An' I would win the broun siller
  Cloutin' the aul' wives' cans.

Whiles wi' a stroop to souder,
  Girdin' at times a cogue,
But aye wi' you at my elbuck
  To haud me content, ye rogue.

We'd wash in the rinnin' water,
  An' I would lave your feet,
An' ye would lowse your apron
  An' I would dry them wi't.

THE TINKLER

I'd gaither yows at gloamin'
　An' ye would blaw the fire,
Till the lilt o' the singin' kettle
　Gart baith forget the tire.

An' blithe, my cuttie luntin',
　We'd crack aboot a' we'd seen,
Wi' mony a twa-han' banter
　Aneth the risin' meen.

Syne in some cosy plantin'
　Wi' fern an' heather spread,
An' the green birks for rafters
　The lift would roof your bed.

An' when your een grew weary
　Twa stars would tine their licht,
An' saftly in my oxter
　I'd faul' you for the nicht.

Nae cry fae frichtened mawkin,
　Snared in the dewy grass,
Nor eerie oolet huntin'
　Would wauken you then, my lass.

An' when the mists were liftin'
　An' the reid sun raise to peep,
Ye would only cuddle the closer
　An' lauch to me in your sleep.

Wi' a' the warl' to wander,
　An' the fine things yet to see,
Will ye kilt your coats an' follow
　The lang, lang road wi' me?

The open lift an' laughter—
　Is there onything mair ye lack?
A wee heid in the bundle
　That shouds upon my back.

BENNACHIE

There's Tap o' Noth, the Buck, Ben Newe,
   Lonach, Benrinnes, Lochnagar,
Mount Keen, an' mony a Carn I trow
   That's smored in mist ayont Braemar.
Bauld Ben Muich Dhui towers, until
   Ben Nevis looms the laird o' a';
But Bennachie! Faith, yon's the hill
   Rugs at the hairt when ye're awa'!

Schiehallion,—ay, I've heard the name—
   Ben More, the Ochils, Arthur's Seat,
Tak' them an' a' your hills o' fame
   Wi' lochans leamin' at their feet;
But set me doon by Gadie side,
   Or whaur the Glenton lies by Don—
The muir-cock an' the whaup for guide
   Up Bennachie I'm rivin' on.

Syne on the Mither Tap sae far
   Win'-cairdit clouds drift by abeen,
An' wast ower Keig stands Callievar
   Wi' a' the warl' to me, atween.
There's braver mountains ower the sea,
   An' fairer haughs I've kent, but still
The Vale o' Alford! Bennachie!
   Yon is the Howe, an' this the Hill!

The Last Poems

NOTES ON THE LAST POEMS

Charles Murray's collected verse, *Hamewith and Other Poems,* although reprinted many times after its original appearance in 1927, was never completed by the addition of certain poems that appeared in various publications after that date.

There are not many of them, for he never wrote but sparingly and fastidiously. With one or two exceptions they belong to the last dozen years of his life, spent in happy companionship with a few close friends, who came to form the Sit Siccar Society to which reference is made later. Some of the poems are not far short of his best work, and they in their quiet humour and genial philosophy convey to the reader something of the brave spirit whose passing, as one obituarist put it in a London newspaper, 'dimmed the daylight'.

There's aye a something was written at St Jean de Luz in February, and published in the Aberdeen Press and Journal in the spring of 1933. In view of the frequent complaints by contemporary Scots verse writers that Scotland does not appreciate verse, it is interesting to note that the first printing of the newspaper was sold out by 9 am, that newsboys and newsagents were so inundated with demands for copies that two further editions had to be run off, supplemented later by two printings of the Aberdeen Weekly Journal. Requests for copies are still received. The poem probably ranks with *The Whistle* and *It Wasna His Wyte* as the most popular of all the pieces.

J.F.T. was written in connection with the presentation of Dr James Fowler Tocher's portrait in November 1937, and printed in the booklet of the proceedings. Tocher was a pioneer in anthropometrical science and a prominent geneticist, Aberdeenshire county analyst, which involved him in much research into the constituents of milk, chemist to the Highland and Agricultural Society, lecturer in Statistics at Aberdeen University, and in his early days he had been a fellow student of the 1937 Prime Minister, Neville Chamberlain. These particulars explain all the references in the poem save that, which may be allowed to remain a mystery, to William Tawse, a leading Scottish public works contractor and presiding genius of another Aberdeen sodality to which Tocher and Murray adhered, the Life-Preserving Society; and the final remark about the subject's nose and his *pyocher* or catarrhal hoarseness, which sometimes greatly afflicted him.

The Calm Soughers were a group of Aberdeen doctors that arose from the ashes of the Garioch Medical Association, and met for week-ends at James Cruickshank's far-famed hostelry, incidentally a temperance house, the Kilmarnock Arms Hotel, Cruden Bay, built almost exactly on the spot where the perhaps legendary Buttery College was established by a butler to the Earl of Erroll at the laird's gate in the years preceding the 1715 Jacobite Rising. 'Relics' of the College are to be found in the third volume, 1711, of James

Watson's 'Choice Collection of Comic and Serious Scottish Poems'. 'The Sit Siccars' were the Club formed by and of the close friends and associates of Charles Murray when he returned for good to Scotland on his retirement from South Africa. 'Sit Siccar' is the Aberdeenshire name for *Ranunculus repens*, the creeping buttercup, and was suggested by Murray as an appropriate title for a fraternity who were probably at their best when sitting. Only two of the members survive, Lord Boyd Orr and the chairman of the Murray Memorial Trust, who was secretary of the Club but never called a meeting. The Club met as fancy dictated, members were born into it, not elected, and it was remarkable in having two Governors-General as active members, John Buchan, Lord Tweedsmuir, and Sir Patrick Duncan.

The Brig and *The Fisher* and probably the rondeau, *Fate furls the totum*, belong to the late twenties. The hotel of *The Brig* is of course the Forbes Arms Hotel, Bridge of Alford, where the Murrays resided for long spells, and from which Charles fished, though there is no record of his having caught anything, which explains *The Fisher*. The rondeau has been included as illustrating his fondness for experimenting in the more difficult artistic idioms. *The lad without a name*, perhaps of the same period, is on a theme unusual with him, the humour much more mordant than his wont.

The first eight versions from the Greek Anthology appeared in 'Atalanta's Garland', published by the Women's Union of Edinburgh University in 1926. In No. 8 the first line, *A lifetime's shortsome to the lucky breet*, originally took the much weaker form, *A lifetime's little* . . . The other versions were composed about the same time, fifty-four in all, of which there are given the best of those that can be understood without reference to the Greek original or to a literal prose translation.

Ae year's bairns was a reply to a birthday poem from J. F. Tocher on their 76th birth-year, 1940. They were at school together.

It's ill to be aul was Murray's last lines. He felt the impact of the Hitler war very keenly, and he 'rankit oot the moggan' by paying his income-tax as soon as he received the assessment!

The version of the Horatian Ode dedicated to Ashley W. Mackintosh appears to have been written before or during or just after the Kaiser's war when Murray was engaged on his translations of Horace. Ashley Mackintosh, LLD 1930, KCVO 1931, Professor of Medicine in Aberdeen University, was the most brilliant student in the University's history. He presided at the complimentary dinner to Murray in 1912, was a Calm Sougher and a member of the Sit Siccar Club.

ALEXANDER KEITH   1969

THE FISHER

I said in Winter "Bide till Spring!",
  An' dreamt o' days like some we've seen,
Nor ever thocht Aprile could bring
  A sizzon half as bad's it's been.

As sure's I see a risin' trout,
  The water's far owre deep to wyde;
An' whaur the beggar shows his snout
  Is aye upon the tither side.

Gin win' an' weather baith are gran',
  An' a'thing bodes a heavy creel,
It's aye when settin' up my wan'
  I find I've come an' left the reel.

Disgruntled syne, I pack for hame,
  An' look to slock a lowin' thirst,
But at the door it's aye the same—
  "Awa an' shift your stockin's first".

An' should to share a canny gless
  I fesh a cronie back wi' me,
The stuff's aye lockit in the press,
  An' She's awa an' ta'en the key.

A weary trauchle, Lord, is life,
  There's neither rizzon in't nor rhyme;
Ye thole the Winter wi' the wife,
  Spring comes,—an' fishin's waste o'time.

THE BRIG

Twa roads: a corner stane to guide;
  A puckle trees; a brig;
Broun water faur the fishers wyde,
  A gaivel't shop; a gig.

An open door faur roses rin
  To some Laird's Airms abeen;
'Twas weel to win that couthy Inn
  Ae droothy aifterneen.

A rug, a ring; the lassie cam'
  Clean-aproned wi' a tray;
An' it was neither drink nor dram
  Raivel't my heid that day.

Weel set upon a soople queet,
  Reid-cheekit, snod an' fair,
Laich-speakin', smilin'-ee'd an' sweet,
  She's that, a' that an' mair.

Noo Eel an' Bannock-nicht are by
  An' Pace will soon be on,
When pairin' peesies wheel an' cry
  Abeen the haughs o' Don.

Lang, lang the weeks atween the terms,
  But they'll wear by, an' syne,
O lassie fae the Forbes Airms
  Come owre the Brig to mine.

THERE'S AYE A SOMETHING

Belcanny is foggin', wi' siller laid by,
Wi' byres fu' o' feeders an' pedigree kye.
Wi' horse in fine fettle for ploo or for harrow,
An' a' the teels needit fae binder to barrow;
The fire hoose an' steadin' sneck harled and hale,
Wi' boortree for lythe an' a gean at the gale;
A hillside o' bracken for beddin' the stots,
In hairst for the thackin' a gushet o' sprots;
The snod dykit feedle lies fair to the sun,
An' anither Nineteen's little mair nor begun;
He's lucky, Belcanny, his boolie rowes weel,
But aye there's a something—the wife is genteel.

Her fowk thocht a fairmer an unco come doon,
For a queyn that was teachin' an' raised i' the toon.
But though like the lave her ambitions were big,
She couldna say "Na" till a laad wi' a gig;
An' soon they were baith sittin' cushioned an' saft,
An' passin' the peppermints up i' the laft.
An' faith she was thrang wi' her chuckens an' cheese,
Her eggs and her butter an' skepfu' o' bees;
An' better still, Hogmanay hardly was by
Or the howdie was in, and she'd hippens to dry;
But aye there's a something, a mote on the meen,
She's great upon mainners—an' Sandy has neen.

He's roch an' oonshaven till Sunday comes roon,
A drap at his nose, an' his pints hingin' doon;
His weskit is skirpit wi' dribbles o' kail,
He drinks fae his saucer, an' rifts owre his ale;
An' when he comes in fae the midden or moss
Her new-washen kitchie's as dubby's the closs.
She has her piana to dirl an' to thump,
But gie him for music a spring on the trump;
She's thankfu' for muckle, her doonsittin's fine,
The hoose an' the plenishin' just till her min';
But aye there's a something, the stob to the rose,
In spite o' a' tellin'—he blaws on his brose.

THERE'S AYE A SOMETHING

To haud them oonhappy would hardly be fair,
To ca' them ill-marrowed would anger them sair;
There's lots o' waur bodies, she'll freely alloo,
He's hearty an' kindly, baith sober an' foo;
He grudges her naething, be't sweeties or claes,
An' has for her hizzyskip clappin' an' praise.
She's busy the but as a hen amon' corn
Gin noses need dichtin' or breekies are torn,
An' ben when the littlins need happin' or help,
To kiss or to cuddle, to scaul or to skelp.
They're like her in looks as a podfu' o' piz,
But dam't there's aye something—their mainners are his.

J.F.T.

There's nae fae Perth to Peterheid
A milkin' coo o' ony breed,
That kicks a cogue or chaws a queed
   But kens the Chiel,
Tho' when they try his beuks to read
   They seen ging eel.

Gin some aul' wylie fairmer try
To milk the pump an' nae the kye,
The Shirra kens the safest wye
   Is to remand him.
"Tak' it to Tocher," syne he'll cry,
   "Nae avizandum."

Gin there's been some oonchancy wark,
Deid horse or heifers in a park,
Jist sen' their yirnins in, an' mark
   Hoo fest wi' fushion
He'll shak' the bottle, lick the cork,
   An' name the pushon.

Statistics are to him like play,
He'll prove an average hen will lay
Three-quarters o' an egg per day,
   An' gin ye speer,
The tither quarter's chairged, he'll say,
   "To wear an' tear."

He'll note your colour, een, an' hair,
Your wecht an' hecht when tirred an' bare,
The size in hats an' sheen ye wear,
   Your clan and craft,
Till men he's measured a' declare,
   "The cratur's saft."

He's beuks an' bottles ranged in raws,
Show him effect, he kens the cause,
An' tackle him on Nature's Laws,
   Nae doots has he,
He even kens fu William Tawse
   Has ta'en to tea.

J.F.T.

He's jist a livin' "Wha is Wha,"
Kens Dukes an' Earls an' Lords o' Law,
Provost an' Lairds, an' wi' them a'
   He mixes level,
Nae M.P.'s daur wi' him to thraw—
   He's thrang wi' Neville!

He'll tell ye whisky's jist a drug,
Porter an' wine in gless or mug,
But lat me whisper in your lug,
   —Ye michtna think it—
He'll praise the milk an' pass the jug,
   But winna drink it.

The Artist's fairly got his phiz,
The very spit o' Jeams it is,
An' noo, O Lord, gi'e heed to hiz,
   Vouchsafe to Tocher
Fat maist he needs—anither niz,
   An' cure his pyocher.

My Dear A.K.

On the way home, thinking of your proposed ballads I got wondering what rhyme you would get for Tocher. Here is the result. For gods sake dunt show it to James.

On a Portrait

Fat billie's this, an' fat's his breed,
   I'm roch, but Lord! he's rocher!
Ye say he comes fae Peterheid
   An' nae ae bit a Brocher.
Weel, lookin' at him on the wa'
   He micht be taen for Tocher.
Tho' deil an artist o' them a'
   Could ever paint his pyocher

Yours

FATE FURLS THE TOTUM

Rondeau

Fate furls the totum. What like chance hae we?
Wha kens the bias?—Neither you nor me.
  Ae year or auchty, tho' the rig may rin,
  Fae bairnheed on, we're a' owre keen to win
Ever to heed how fest the forenichts flee.

Set roon the buird, we risk wi' eager e'e
Oor wee bit plans an' preens, but fail to see
  Bonnie an' fairly tho' it seems to spin,
    Fate furls the totum.

For ane we tak' fu' seen we dossie three;
Ill-luck, the limmer, lifts baith arles an' fee,
  Till nickle-naething shortly droons oor din,
  An' rantit bare as when we first begin
The Grave tak's a'; syne, syne owre late the plea
    Fate furls the totum.

ADVICE TO THE SIT-SICCARS

Keep aye a calm sough
An' jouk to the jaw.
Tho' weariet aneuch
Keep aye a calm sough.
The tyauve may be teuch
But warsle awa,
Keep aye a calm sough
An' jouk to the jaw.

Be wise an sit siccar—
Ye're safe on your doup:
When teemin' a bicker
Be wise an' sit siccar;
In love or in liquor
In case 'at ye coup,
Be wise an' sit siccar—
Ye're safe on your doup.

HORACE, Car. III, 29

Tyrrhena regum

To Professor Sir Ashley Mackintosh MA, MD, etc.

Son o' baith King's an' Marischal, Mac,
   Here waits a grey-beard filled for you
Afore the war, an' up the glack
   Dog-roses hing ye're free to pu'.
Lay by your gibbles, leave Balgownie's Brig,
Lectures an' links, an' broomy braes o' Nigg.

Quit Kirks an' Clubs, forsake them a',
   Your Toon-hoose wi' its to'er abeen,
Your granite streets, your Mitchell Ha',
   The reek, the din o' Aiberdeen,
Changes are lichtsome, lat a bowl o' brose
Neth cottar's thack reduce your wecht an' woes.

The stars were lowein' reid the streen,
   The sun is bleezin' in the Sooth,
An' neither herd nor sheep hae seen
   Sae mony weary days o' drooth;
An' lyin' pechin' in yon woody shaw
They ferlie that the Dee can rin sae sma'.

Ye're worried owre the Toon an' State
   Noo a' the warl' is waur than weel,
An' Irelan's broken oot o' late
   Wi' auncient sairs that's ill to heal;
But God sets limit to oor vision dim,
An' lauchs at mortals wha ken mair than Him.

Mak' then the maist o' what ye hae,
   An' lat the lave gang like the burn
That noo rins singin' doon the brae,
   Neist roars in ragin' spate in turn,
When beasts an' brigs an' trees an' hooses syne
Gang soomin' seaward like in '29.

[136]

Laird o' his saul, unscaithed wi' care
   Is he wha ilka nicht can say
"Noo fesh the mornin' foul or fair
   I'm weel content. I lived the day!
Nor can the Sire himsel' for a' his po'er
Alter the ootcome o' ae vanished 'oor."

Fortune, the limmer, likes to see
   The fash her fickle favours bring,
Kind whiles to him, an' whiles to me;
   I reese her till on waukie wing
She skims the lift: syne a' but virtue gone
Oontochered Thrift I woo, an' warsle on.

Lest ships should skale on houderin' seas
   Their far-bocht bales that's nae insured,
Nae mine to bargain on my knees
   That hasna saxpence-worth aboord;
But safe my coble rowes owre friendly bars,
Convoyed by canny winds an' lucky stars.

THE LAD WITHOUT A NAME

Ye're welcome till him, Kirsty lass,
　Yon lad we winna name,
When ben the kirk I see him pass,
　I'm sittin' reid wi' shame.
To think that aince I shared his plaid,
But never again will that be said;
　Ye're welcome to my leavin's, lass,
　Yon lad we winna name.

A lass like you's had lads or noo,
　The wylins o' the glen,
But how to tell the fause fae true,
　I winner gin ye ken.
For a' ye grat to see them gyang,
Your sorrow didna last ye lang,
　Yet yon's a sair come-doon for you,
　Wha's had sic wyle o' men.

An' sae ye're welcome, Kirsty queyn,
　To him we winna name,
I've coortin' better to my min'
　An' muckle nearer hame,
Fae ane that works my father's braes,
That's kent an' lo'ed me a' my days;
　Sae ye can keep him, Kirsty queyn,
　Yon lad we winna name.

VERSIONS IN SCOTS FROM THE GREEK ANTHOLOGY

1   After Antipater of Sidon
Grey-headit Marion lies fu' laich,
An' on her stane they've carved a quaich;
In life she took her whisky neat,
The lang-tongued limmer; does she greet
For bairns or man, left bare up-bye?
The deil-a-fears,—nor hens nor kye:
But, divot-happit, still she's dry;
Her only grief's her gizzen mou'
"O Lord! that thon stane quaich was fu'!"

2   After Ptolemy
I ken I'm mortal, short my stent,
But when I watch the planets wheel
My feet nae langer keep the bent,
Hine to the starry lift I speel,
Till at his elbuck far abeen
In Jove's ain brose I stap my speen.

3   *On a Foreign Grave*   Anon
O, start ye East fae Tomintoul or Wast fae Aiberdeen,
Straught to the grave rins doon the road that ye maun tak yer leen.
When comes the en', nae maitter then in what far airt ye fa',
For aye at your back, on the hindmost track, the ae same win' will blaw.

4   Anon
The blue-ee'd lass that like a mavis sang,
This ell o' divots haps her, silent noo,
Stane-caul', tho' fame her liltin' brang;
O lichtly lie the yird, sweet lass, on you.

5   *Wee Things*   After Damocharis the Grammarian
Things may be gracious tho' they're wee,
    O' them think never ill;
For cuddlin' on his mither's knee
    Love is a littlin' still.

[139]

6 After Asclepiades

It's guid in Simmer when it's dry to drook your drouth in snaw,
　An' fine the sailors like the Spring when Winter's win's are laid,
But lat a lad an' lass convene, O then, it's best o' a'
　When cheek to cheek they tell o' love, aneth ae marled plaid.

7 Uncertain

Nae iron nor stane ootlast the passin' years,
The heuck o' Time, what is there but it shears?
The cairns in France wi' caul' an' weet may fa',
Owre bare kirkyards the snell sea win's may blaw,
But lippen ance to Sang the sodger's name,
An' Time, tho' willin', canna touch his fame.

8 After Lucian

A lifetime's shortsome to the lucky breet,
But ae nicht's endless gin ye lie an' greet.

9 *The Best of Death* After Palladas

For a' we're wae to think o' Death,
　It brings us mair o' gain than grief;
Greet nane for him that's tint the breath,
　He's tholed his very last mischief.

10 *Rich and Poor* Uncertain

In Youth my only breeks were bare,
In Eild I've kists o' claes to spare;
In a' the warl', I'll tak' my aith,
Nane lived like me unblest in baith.
Nae drink had I to slock my Youth;
Noo I've the drink but nae the drooth.

11 *After the Spree* After Philodemus

I've loved an' I've spree'd, an' wha hasna dane that?
An' carried on aften as gin I was fey,
But Eild gies a hint I maun alter, awat,
For see my black pow is weel-sprinkled wi' grey.
When Youth took the chanter we danced to the tune;
But noo that we're aul' we maun e'en sattle doon.

12 *My Star*   After Plato

My Star, ye turn an upward e'e,
An' mony a lesser licht ye see;
O would I were yon lift abeen,
To see ye throu sae mony een.

13 *Love Amo' the Roses*   After Julian of Egypt

Twinin' roses for my lass,
Amo' the leaves on Love I cam',
Held his wings, an' in my glass
Doused an' drank him wi' the dram;
But wi' his feathers noo, the littlin'
My loupin' hairt is kittlin', kittlin'.

14 *Each Day's Beginning*   After Palladas

Drunk aye to bed, but sober when we're waukened,
    Wi' nae a drap left owre to sweel a mou';
'Twas closin' time afore oor drooth was slockened,
    Sae start the mornin' wi' a mutchkin noo;
But dinna brag, aul' man, o' sprees ye've seen,
Ye're just as dry the day for a' ye drank yestreen.

15 *The Poor Miser*   Uncertain

They say ye're rich; I ken ye're peer
As lang's ye hain your gowd an' gear;
It's yours gin used, but laid awa'
Your heirs already own it a'.

16 *The Point of View*   After Lucian

Whaur a' were drunk but Sandy, that wouldna weet his mou',
The lave they lookit sober, an' only Sandy fu'.

17 *Miser and Mouse*   After Lucillius

A miser ae gloamin' gat glint o' a moose,
"No fat seek ye here, bonny ted, in my hoose?"
The sleekit wee beastie leuch laich as it said,
"My frien' it's nae sipper we seek, but a bed."

18 *Jock an' Geordie*   After Nicarchus

Jock an' Geordie ance fell oot, an' took their case to law,
  Tho' deaf as door posts they were baith, the Judge was deafer still:
Jock claimed that five months rent was due, but Geordie he said "Na"
  An' threepit it was aye at nicht he ran his barley mill.
The Judge looked wisely doon an' said "Can ye nae gree ava?
  The woman's mither o' ye baith; keep her atween the twa."

19 *Armed Against Love*   After Rufinus

Wi' Common-sense I'm sarkit; lat Love come man to man,
I'll best him, gin it comes to shak-a-fa',
Alane he canna fley me, but gin Bacchus tak' a han'
What chance is there for me atween the twa?

20 *The Corbie's Sang*   After Nicarchus

The Corbie's sang death to the hearer brings,
But even the corbie dees fan Sandy sings.

AE YEAR'S BAIRNS

Three score an' ten the Lord laid doon
The length o' years for laird an' loon,
An' noo, wi' sax ayont oor share,
We canna look for mony mair.
Soon in the "Deaths" a line or twa
Will tell the warl' we've worn awa',
Wi' neist day in the P. & J.
A kindly par. by Alick K.;
Air warnin's syne will never fash us
Till the last trump stirs up oor ashes.
But let me tell the Po'ers abeen
We never rise till aifterneen.

IT'S ILL TO BE AUL'

It's ill to be aul', by the years laid by,
Sittin' safe an' saft when there comes the cry
That tirrs the lan' o' oor stootest men,
An' spec's the lift wi' the loons we ken;
Still Eild can help wi' this fell stramash
Gin't ripe the moggan, rank oot the cash,
That's ae sure wye we can soothe the saul
    When it's ill to be aul'.

INDEX OF FIRST LINES

INDEX

INDEX

GLOSSARY

abeen above
ablach insignificant person
aboon above
aik an oak
airt a direction, way
aise ashes
aivrins cloudberry
ajee to one side
aleen alone
alow, alowe on fire, ablaze
anent in front of, over against,
   concerning
aneth beneath
aneuch enough
antrin occasional
arles confirmatory fee. An earnest
   given in striking a bargain
asklent askance
auchty eighty
awat I wot
awin' owing

back it address it
backcast a retrospect, review
baillie alderman; baillie (water),
   bailiff; baillie (in the byre), cattleman
ballants ballads
ban to scold, curse
bane a bone
banster one who binds the sheaves
bap a breakfast roll
bark to encrust with dirt; to skin
batter paste
bauldrins a cat
bawd a hare
bear, beer barley
bed-lids doors of box-bed
beet to bet
beet to had to
beets boots
begood began
beildy sheltered
beld bald

ben kitchen (Aberdeenshire usage)
benmost inmost
bents hilly ground on which coarse
   grass grows
besom term of reproach for a woman
besom shaft broom handle
bessin' singing bass
bick a bitch
bicker to move noisily, ripple;
   a wooden beaker, bowl
bide to wait, dwell, tolerate
biel, bield a shelter, home
biggin' building
bike a hive
billie a boy, comrade
bin' to move, curse
birk birch
birkie a person, smart youth
birl to spin, revolve; a whirring sound
birn burden
birr whirr
birse, birss bristle, bristles; temper
birselt, birslin' scorched, scorching
birze to squeeze
bishop to beat down earth or stones
blate bashful
blaud to spoil
bleck black; to blacken; to baffle, puzzle
bleeze a blow with fist; to blaze,
   get angry
bluffert blast of wind
bogie-rowe tobacco
bokie a scarecrow
bonnet-laird yeoman, small landlord
bool bowl, marble
boortree, bourtree elder tree
boss hollow, empty
bothy cottage where farm servants
   are lodged
boukit large, bulky
bourach a cluster, small crowd
bow-cheer an armchair
branks a halter

GLOSSARY

braxy a sheep that has died a natural death
break hollow in a hill
breek leg of trouser, *pl* trousers
breem broom
breet brute
britchin portion of harness
brochan oatmeal boiled thicker than gruel
brod a board, shutter, cover
broke become bankrupt
brosie stout
brulzie a brawl
'Buchan' Buchan's *Domestic medicine*
bucht a sheep or cattle-fold
buckie refractory or mischievous person
buff nonsense
buird a board, table
buirdly stalwart
bum to hum, spin, buzz, cry
busk to dress, adorn, make ready
but-an-ben cottage divided into two apartments
but parlour (Aberdeenshire)
bydand steadfast (motto of Gordon family)
byous exceedingly, out of the common

ca, caw to drive
cadger a hawker
caff chaff   *caff-bed* mattress filled with chaff
caird to card wool; to scold, abuse; a travelling tinker
cairtin' playing cards
callant stripling, lad
caller fresh, cool, refreshing
can ability
cankert ill-humoured, fretful
cannas canvas
canny safe, prudent, judicious
canty lively, pleasant, neat, in good health
cantle to lift or brighten up
cantrip mischievous trick

carlie little old man
carritches catechism
catch-the-ten a card game
cauld cold   *cauldrife* causing the sensation of cold
caup a turned wooden bowl
cauper a maker of caups, wood-turner
caur calves
causey causeway
caw to drive
chafts chops
chaps me exclamation when one person chooses a particular thing
chapper beetle or mallet for mashing potatoes
chappin' knocking
chappit struck (the clock 'chappit')
chappit kail mashed or bruised colewort
chate to cheat, cheated
chaw to chew
cheeper a half-fledged bird
chessel cheese vat, cheese press
chiel child, fellow, man
chouks cheeks, neck
clachan a hamlet
claik, clash gossip
clawed the caup cleaned the dish. As a punishment the person last to get up in the morning had to clean the common bowl
clead to clothe
cleekit shalt pony suffering from string-halt
cleuch narrow glen, ravine
clew a ball of wool; claw
clink money
clink to mend by rivetting
clockin' brooding
clod to pelt with clods
clog-fit club-foot
clorty dirty, sticky
closs farmyard, enclosure, passage
clour to strike, indent, batter
clout to mend, patch; a patch

cloutie a small cloth
clyack when the last sheaf is cut in harvest
clyte a sudden fall
coble a fishing boat
cogue to feed from the cog or wooden pail; a milk-pail
connach to abuse, waste, destroy
coof a coward
coordy-lick a coward's blow
coorse coarse, difficult
corbie a rook
core a company, corps
corp a corpse
cotts petticoats
coup to upset, capsize, exchange
coup the ladle to play see-saw
couthy affable, kindly
covin-tree a trysting-tree. Large tree in front of the mansion house
cowe a twig of shrub or bush
cower to recover
cowshus cautious
cowt a colt
crack to chat; conversation
craft a small farm
craggin a jar
crap crept
crap o' the wa' the highest part of an inside wall
craw to crow, boast; the crow of a cock; noise of children at play
creel a basket
creepie a low stool
creesh fat, grease
crined grown small through old age
cronie, -y a companion
croose, crouse brisk, lively, bold
  croose i' the craw brisk and confident in conversation
crowdy meal and water mixed cold; crumbly cheese
cruisie ancient oil lamp
cry to proclaim banns of marriage
cuist cast, thrown

cuitikins gaiters
cuppie lie cup-shaped golf lie
curn a quantity of indefinite size or number
cushie doo a wood pigeon
cuttie a short tobacco pipe
cyaurd a tinker, sturdy beggar

dambrod a draught board
darg a day's work; to work, toil
daud a heavy blow; a large piece
daunder to stroll, saunter; a saunter
daw dawn
deave to deafen, worry
deem, deemie a young woman
deese a long wooden settle
deevilock a little devil
deil-a-fears not likely
dell to dig   *dell't* dug
deuck a duck
dibble to plant in a small hole
dicht to clean, wipe up
diddlin' singing in a low tune without words
dilse dulse, edible seaweed
ding to overcome, to excel
dirdin' onslaught
dirl a stroke, thrill; to vibrate, strum, tingle
displenish to disfurnish, sell off goods, stock, furniture
divet, divot turf
doddit without horns
doddy mittens worsted glove without separate division for the four fingers
doit a small copper coin
doited, doitit in dotage
dook to bathe
dool woe
doonsitting a drinking bout; a home, or settlement in marriage
dossie to throw down as wager
dottle the unconsumed tobacco remaining in a pipe
doup bottom

dowie sad, languid
dozin in a benumbed state
dree to endure, undergo, last
dreel a drill
dreep to drip, empty to the last drop
dregie refreshment given at a funeral
drift driving or driven snow
drook to drench
drooth, drouth drought, thirst
dryster a man who dries the grain before grinding
dubs, dubby, dubbit mud, muddy, muddied
dung beaten, dashed down
dunt a bang, thud
dwaam a faint
dweeble weak
dwine to languish, pine, waste away

earock a fowl of the first year
easin' eaves
eekin' adding to
eel yule
eel yeld, not giving milk, unproductive, dry
een eyes
eence once
eesless useless
eident diligent
eild old age
elbuck an elbow
eller an elder
ell-wan a yardstick
elshin a shoemaker's awl
eneuch enough
ettle to aim, intend, attempt, hanker
excamb to exchange one piece of land or ground for another

f = wh (Aberdeenshire)
fa' fall, fate ('black be his fa' ')
fae from
faes foes
fash to worry; a worry

fashious troublesome, vexatious
faugh fallow land ('farmers' faugh gars lairds leuch'—old Scottish proverb)
fauld fold
faured favoured
feal dyke wall built of sods
feedle infield
feck value, the majority, quantity
feel a fool
feerin' the furrow drawn out to mark the 'rigs' before ploughing the whole field
feich exclamation of disgust
fegs an interjection. Used for 'faith'
fell to injure, kill; deadly
fell't knocked down
fere strong
ferlie oddity, wonder; to wonder
ferny-tickled freckled
ferrier a farrier, veterinary surgeon
fesh to bring
fiars prices of grain legally fixed for the year
fient, fient haet not a bit, the Devil a bit
fiersday thursday
firehoose dwelling-house
firry resinous
fit a foot, footstep   *fittit* footed
fite the idle pin a way of passing time
fivver a fever
flaffin' flapping
flan a gust of wind
flang flung
flap to flop
flate scolded
fleech to flatter
fleams a fleam, lancet
fleerish, flint and flint and steel
fleg to frighten
fleyed frightened
flyte to scold
foggie foggie bee, a small yellow bumble-bee
foggin' well off
foonert foundered, broken down

footers a term of contempt
foraneen forenoon
forby, foreby besides
forenicht interval between twilight and bedtime
forfochen exhausted
forrit forward
fou sedum
foumart polecat, an offensive person
found a foundation
fremt foreign, distant; a stranger
fret superstition
full to fill
fulpie a puppy, whelp
fur a furrow, ploughing
furhooied forsaken
furl to whirl
furth forth, open air
furth-the-gait honestly
fushion pith, substance
fussle a whistle; to whistle
futt'rat weasel
fykie troublesome
fyle while
fyou few

gab to chatter
gaberlunzie a beggar
gait a way, fashion
gaivelt gabled
gale a gable
galshochs kickshaws
gang forrit to go forward to take communion
gangrel a wanderer
gant to yawn, gape
gar to make, cause
garten a garter
gean cherry-tree
geet a child
gey, geyan considerably, rather, fairly
gibbles instruments
gill a ravine, narrow glen
gin if, until
gird to put on hoops; a hoop

girn a snare; to snarl, grimace, whimper
girnal a meal chest
girse grass
gizzen, gizzened parched
glack a valley
glammoch an eager grasp; to clutch
glaur mire
gled, gleed the kite, buzzard, greedy person
gley squint
gorbel unfledged bird
gorbell't when young bird partially formed
goup to stare
gowkit foolish, stupid, awkward
graip a three or four-pronged fork used in farming
graith accoutrements, harness
grat, greetin' cried, crying
grauvit a cravat
grease a disease affecting horses' legs
gree to agree
greybeard an earthenware bottle
grieve a farm overseer
grippy stingy, mean
grozart a gooseberry
grumlie grumbling, fault-finding
grutten swollen, with crying; cried
gude god
guff a smell
gully a large knife
gurk a fat, short person
gushet a corner, triangular piece of land
gweed words prayers
gyang to go
gype a fool

hacks chaps, the effect of severe cold
hag lesser branches of trees
haims curved pieces of iron attached to horse's collar
hain to save   *hained* saved, not wasted
hairst harvest
hale an' fere whole and entire

GLOSSARY

halflin half-grown man
hame-drachted selfish, greedy
hamewith homewards
hanks skeins
hantle much, a good many, good deal
hap to cover, protect; to hop
harlin' rough casting
harns brains
harp a wire screen for cleaning sand or gravel, used by mason
hash to bruise, damage
hauddin' a holding, house
haugh alluvial ground beside a river
hauld stronghold
heely haughty; slowly, softly
heelster-gowdie heels over head
heeze a heave; to lift, exalt
hench to launch missiles by striking hand against thigh
heuck a reaping hook
hie high
hine, hine awa' far, far away
hinner a hindrance; to hinder
hing to hang
hint o' hairst end of harvest
hippens nappies
hirple to limp
hirsle to move with friction or with difficulty
hish into the ree to drive into the fowl run
hiz us
hizzie a housewife, hussy
hizzyskip housekeeping
hoast a cough; to cough
hochs lower part of thighs
hod to hide; hid
hodden grey cloth the natural colour of the wool
hooch a shout during dancing of reel
hoodie the hooded crow, carrion crow; hired mourner
hooie to barter
horn-en' best room in two-roomed cottage
hotter to vibrate, simmer, totter, shiver

houder to move with rocking, rolling motion
hough a man's leg or thigh
houk to dig
hoven swollen, blown out
howdie a midwife
howes hollows, valleys
hummel without horns
hump to carry on back or shoulders
hunker to squat down on the haunches
hurb a term of contempt
hyow to hoe; a hoe
hypothec, hale whole concern
hyste to hoist

ilka each, every
ill-marrowed badly mated
ill-trickit mischievous
income ailment the cause of which is unknown
ingle a fireplace, fireside, fire

Januar, Janwar January
jaud jade
jaw to talk, chatter; scolding
jink to avoid
job to prick
jot a job, occasional work
jouk to bow, bend
jow toll of a bell
jyle a gaol

kail colewort, food
kain rent paid in kind
kame to comb
kavil a lot; to divide by lot
kebbuck cheese
keckle to cackle, chuckle
keek to look, peep
keel ruddle, chalk
ken to know
kepp to catch, intercept
kimmer a wife
kin in *store the kin* to live, keep up the stock

kintra country
kirn a churn
kist a box, chest, coffin
kitchie a kitchen
  kitchie his piece put something on
  oatcake to make it more palatable
kitlin a kitten
kittle excitable, quick tempered
  kittle to ca' troublesome to drive
kittle to tickle
kitty-neddie the sandpiper
knap to knock
knock a clock
kye cows
kyte the belly, stomach

lade mill race
laft a loft
laich low, in low spirits
lair a burying plot, bed
lair't stuck in mud
laith loth
lames broken pieces of earthenware
lamp to take long steps, stride
lane alone   *his lane* by himself
langsyne long ago
lap-buird a lap-board, board resting
  on lap
lapstane a stone on which a shoemaker
  beats his leather
larick the larch
lave the rest, the remainder; to throw
  water, wash
laverock the lark
lay a lathe
leam to gleam, flash; a gleam, blaze
lear to teach; learning, knowledge
lee a lie; to tell lies
leefu' lane all alone
leems implements
leen, by his leen alone
leevers arms or slats of millwheel
lench launch
lettergae one who gives out the line,
  precentor

lettrin a precentor's desk
leuch laughed
ley lea, grass land
lift heavens   *liftward* skywards
limmer a worthless, naughty woman
lintie the linnet
lint-pot a pool where lint is washed
lippen to depend, entrust, trust
'list to enlist
littlin' a child
loan, loanin' a piece of uncultivated
  land near a homestead
lochan a small loch
loon a boy, servant
loot to let, permit
loup to leap
lour to rage
lowe to glow, blaze; a flame, light
lown calm, sheltered, quiet, secret
lowse to make loose, stop working,
  begin   *lowsin'* leaving off work
lozen a pane of glass
lug an ear; corner, recess, side of
  chimney
lum a chimney
lunt to smoke; a light
lyaug gossip
lythe shelter, lea-side; to shelter

maet meat, food
mant to stutter; a stutter
march-stane a boundary-stone
marled mottled, chequered
marrow match, equal
mart an ox killed at Martinmas for
  winter use
mask to infuse tea
mason's mear a trestle for scaffolding
mauger in spite of
mawkin a hare
mear mare
mids the middle, mean
mint aim, intention
mirk darkness
mislippened deceived

mith might
mizzer to measure
mochie muggy, misty
moggan a cloth purse
moggins boot hose
monyfaulds entrails, the part consisting of many folds
mool mould, grave
mornin' morning dram
moss moor where peats are dug
mou' mouth
moulter, mouter multure, miller's fee
mowse a joke, jest *nae mowse* no joking matter, not safe
muckle large, great
mull, snuff mull a box, snuff box
mull a mill
mutch a head-dress for woman
mutchkin a liquid measure

near han' nearly
neep a turnip
neiper a neighbour
neist next
neive, nieve a fist
neuk a corner, corner of garment
newlins newly
nickle-naething side of teetotum (gambling game) registering nothing
nickum a mischievous boy
niffer to barter
Nineteen a nineteen year's lease
niz a nose
note need, necessity, occasion
  nott needed, required
nowt cattle

ocht aught, anything
o'ercome a burden; to baffle
oes grand-children
on-ding a heavy fall of rain or snow
ongauns goings-on
onkent unknown, unseen, unobserved
onset an attack
onwal annual

ooks, ouks weeks
oonchancie uncanny
oonfashed untroubled
oonslockened unslaked, unquenched
oontochered without dowry
orra worthless, strange, old, sundry, occasional, low
owse an ox
oxter an arm-pit
  oxter-staffs crutches

pace, pase easter
pailin a stake fence, paling; to surround with paling
pairtrick a partridge
pang to cram
partan common sea crab
pase easter
pass passage
pat a pot
pease peas *pease strae* withered pea plant used as cheap fodder or bedding for animals *Clean pease strae* name of Scots country dance tune
pech to pant, labour in breathing
peel a pool
peer match, equal
peer-house work-house
peer-man holder for fir candle
peesie lapwing
pig pitcher, earthenware hotwater bottle
pints bootlaces
pirn a reel
pitcher the marble used for aiming
plash to splash
plisky a mischievous trick
ploy a frolic, escapade
pock a bag
pooch to pocket; a pocket
pooshan poison
port a lively tune on the bag-pipes
pow poll, head
pree'd tasted

[156]

GLOSSARY

preen a pin   *preens* a game played
with pins
prig to haggle, plead
prob to pierce
puckle a few, a small quantity
puddock a frog
pu'in pulling
pyke to pick
pyocher a cough

quaich a bowl, a drinking cup with two
handles
quake a heifer
queed the cud
queel to cool
queet ankle
quern a stone hand-mill
queyn a girl, quean, young woman
quintra country
quire a choir
quirky tricky
quyte a coat

raffy plentiful
ragie raging, scolding
raith quarter of a year
raivell't, raivelt bewildered, entangled
rank to bring(out)
rant quick lively tune
rantit stripped
rantree rowan tree, mountain ash
rape a rope, especially one made of
straw
rax to stretch
ream cream
ream to stream, crowd (of thoughts)
redd up to clear up
ree a fowl run
reed a rood by measurement
reek smoke
reemish weighty stroke or blow
reese, reeze to praise
reeshlin' rustling
reest to roost; a roost

reets roots
reist to bank up (a fire)
reistin' restive
reive to plunder
riddel a sieve
rift a belch
rig a frolic, trick   *rig, riggin'* a ridge,
drill, roof
ringel e'en wall-eyes
ripe, rype to search, rob, clean out
rippit uproar
rive to rage, pull, tear, burst
rizzen reason
rock rough
rockins evening gatherings for work
and gossip
rodden rowan
rosit resin
rotten a rat
roup a sale by auction
roupy hoarse
roustin' rusting
routh plenty
row, rowe to roll, wrap, turn, move
round
ruck a rick, stack
rug to pull, tug
rung a heavy staff
runkle to wrinkle, crease, crumple
rype to ransack, search one's pockets

St Sairs horse fair in Aberdeenshire,
in the parish of Culsalmond
sair sore; sorely
sappy moist, full of juice or sap
sark a shirt, nightdress
saugh willow   *saughy* abounding
in willows
scaith injury, loss
scaul to scold
scaur bare place on hillside
scob to put in splints
scouk evil look
scrat to scratch
scrogs stunted bushes

[157]

scrunt stunted in growth
scull a shallow wicker basket
scunner loathing; to disgust
scutter to work awkwardly; potter
seck a sack
seggit sagged, sunk down
seggs yellow flower-de-luce or iris
set rented
sey, sye put through a sieve
shackle-bone wrist-bone
shak-a-fa' to wrestle
shalt, shaltie a pony
shank to knit; knitting
sharger a stunted person or animal
shaw a grove
sheath a holder for needles during knitting
shee a shoe, *pl sheen*
sheet to shoot
sheilin a temporary residence for shepherds
shillans grain freed from husks
shirra a sheriff
shoggle to shake
shoon shoes
shoot to suit
shortsome amusing, causing the time to seem short
shoud to swing   *shouderin'* swaying
shue to sew
siccan such
siccar tight, close
sids corn husks
simmer summer
sipper supper
sizzen, sizzon a season
skaith hurt, injury
skaalie slate pencil
skale to spill, scatter
skeel skill   *skeely* skilful
skelp to smack; a stroke, blow
skep a bee hive
skice to run off quickly
skirp a spattering   *skirpit* spattered
skirt to run quickly

skite to fly off quickly
skraich a screech
skreek o' day dawn
skull a wicker basket
slap an opening, piece broken out
slee sly
slips the timmers (metaphor for) dies
slock to quench thirst
slype a worthless fellow
smore to smother, suffocate
snaw-bree melted snow
sneck a latch; to sneak
sneck-harled rough-cast with stones showing
sned trim, tidy; to cut, prune
snell keen, sharp, severe
snicher, snicker to snigger, laugh
snod neat, trim smooth
snorl a difficulty, tangle
snuffy displeased
snytin' blowing the nose with finger and thumb
sonsy plump
soo rectangular stack of hay or straw
sooker a sucker, of a tree
soom to swim, float
soorocks sorrel
soosht punished
sooter cobbler
sorn, sorne to thrust oneself on someone for bed and board
soss a mess; work in mess or disorder, make mess
souder to solder
souff to whistle or con over a tune in a low tone
sough a murmur, sigh; to make humming sound
souple supple
sowens, so'ens a dish made from the husks or siftings of oats
spae to tell fortunes
spainyie a cane
spairge to bespatter by dashing a liquid
spate flood

spean to wean
speel to climb
speer, speir to enquire
spring a tune
sprots rushes, bulrushes
spunk a match
squeel a school
stacher to stagger
stag-moss Alpine club moss
stance a place, station
stang to sting; a sting; a long pole; (of a trump) tongue of a Jew's harp
stank a pond, ditch
stap to plunge
starkly strongly, bravely
starn a star
steed stood
steek a stitch, fragment, the least bit; to stitch, clench, push, shut
steen-chackert stone-chat
steer to stir, disturb
stent extent of task
stirk a young bullock
stob a thorn, stake
stobbit thatched by means of a stob or stake
stoitered staggered, tottered
stook to put into stooks, propped up group of sheaves
stoor dust
stoorum gruel
store the kin to live, keep up the stock
stot a bullock older than a stirk
stound an ache, acute pain
stramash a battle, brawl
strappin' tall, handsome
straught straight
streek a stretch; to stretch
streen yesterday evening. In phrase *the streen*. Cf yestreen
strip to draw the last milk from a cow
stroop a spout
stroud a verse
strype a small rill
stucken stuck

studdy an anvil
swak supple   *swacker* nimbler
swarfed fainted
swat to sweat
swatch a sample piece
sweel to swill, to wash away
sweer, sweir lazy
sweeties, readin' conversation lozenges
swippert quick, nimble
swith swiftly
swither to hesitate
swye a pivoted rod in chimney for hanging pots
sye to strain a liquid
syne then, since

tablin' top stones on a gable
tack a lease
tag a strap, schoolmaster's tawse
taits locks, small portions
tamteen tontine
tane the one
tansie ragweed
tap top
tashed fatigued
ted applied to children or young women as a term of endearment
teel a tool
teem, toom empty; to empty
    teemin' his girns emptying his snares
teen a tune   *ill teen* bad humour
teet to peep
tenty careful, attentive
teuch tough
teuchat lapwing
thackit thatched
theats traces
thewless feeble
thig to be a genteel beggar, by seeking gifts to let others show their liberality
thirl to bind (under legal obligation), to subject to, be dependent on
thole to undergo, bear
thoom a thumb; to massage with thumbs

thow thaw
thrang a throng; to throng; busy, pressing
thrapple a throat
thrave two stooks or 24 sheaves
thraw to throw; to twist, sprain; a sprain, twist, ill-humour, trouble, pressure
thrawcruik an implement for twisting straw ropes
threep to insist
threeve throve
thrums ends of yarn
  span her thrums purred
till to
timmer timber
tine to lose *tint* lost
tire state of fatigue
tirl act of vibrating
tirl the sneck to twirl the handle of the latch
tirr to strip forcibly, deprive, skin
tit to jerk, pull; a tap, snatch
  tittit the tow pulled the bell-rope
toom empty
tocher a dowry
tod a fox
totum tee-torum, small top, gambling game
tow rope, cable, string
towmond twelvemonth
trail the rape hallowe'en spell which consisted in dragging a straw rope of peculiar make round the house
trams shafts, of a cart
trauchle a weary job; to work wearily
  trauchled draggled
travise division between stalls
troke barter
trued played truant
truff turf
trump, trumpe a Jew's harp
tulzie a quarrel
tweezlock another name for thrawcruik
tyauve to struggle; a struggle

unco strange, uncommon
up-bye above

verge a watch with verge movement
virr force, impetuosity
vrang wrong
vrapper a wrapper, loose jacket or blouse
vratches wretches
vreetin' writing
vricht wright

wad to wager
wadset to mortgage
wae woeful, sad
wale to choose
waller, weller frequenter of St Ronan's well
wan' a wand, fishing rod
wardly worldly
wared expended
war'n, warran' to warrant
warsle to wrestle, strive, a struggle
waster western
wastrie a waste
waucht a large draught
waulie agile
waur worse
wean a child
weel-a-wat assuredly
weet wet
weird fate, destiny
wersh tasteless
wether a sheep, castrated ram
whaup a curlew
wheels coarse worsted, spun on large wheel
wheeple shrill intermittent note with little variation of tone
whip-the-cat tailor with no fixed place of business who goes from house to house
whittle a knife
whorl flywheel of a spindle made of wood or stone